Aux vannes, citoyens !

Petit essai d'humour politique

DE LA MÊME AUTRICE

Bonjour la France!, Robert Laffont, 2015
et Pocket, 2017

Le Cahier de vacances de Manu : monsieur le président de la République, avec Guillaume Meurice
et les illustrations de Cami, Flammarion, 2019

Le Cahier de vacances de Manu : monsieur le président de la République, vol. II, avec Guillaume Meurice
et les illustrations de Cami, Flammarion, 2020

Debout, les damnés de l'Uber!, Denoël, 2020

Charline Vanhoenacker

Aux vannes, citoyens !

Petit essai d'humour politique

DENOËL

Bienvenue
au Blaguisthan

Qu'est-ce que l'humour politique ? Prenez le temps de répondre à cela. Si vous séchez, dites-vous que j'aurais très bien pu vous demander de m'expliquer la politique belge, le niveau de difficulté est le même. « L'humour ? Insaisissable », selon Paul Valéry[1]. Certains prétendent pourtant saisir parfaitement l'humour politique, puisqu'ils y voient du militantisme, de l'idéologie, voire un péril démocratique.

Au bout de dix ans de pratique, je me suis rendue à l'évidence : j'exerce l'humour politique sans l'expliquer autrement que par intuition, donc avec subjectivité. Si je devais relire les nombreuses interviews que j'ai accordées sur le sujet, je serais sans doute mortifiée. Un jour, j'ai donc décidé de me tourner vers la recherche universitaire pour comprendre la part insaisissable de cette curieuse matière trop souvent considérée à travers des questions superficielles.

1. Cité *in* Marie-France Patti, *L'Humour, un défi aux certitudes*, In Press, 2017.

« Qu'est-ce que l'humour belge ? », « Peut-on rire de tout ? », « Est-ce qu'il est sympa, Guillaume Meurice ? », « C'est pratique pour draguer ? », « Quel politique rigole le plus ? », « Quelles sont les limites ? » (question stigmatisante pour les humoristes, alors que ces « limites » sont allègrement franchies chaque jour par des responsables politiques et même des intellectuels). Et enfin la fameuse question : « Pourquoi l'humour marche autant dans les médias ? », alors que si l'on consacre un dossier à l'humour, c'est justement « parce que ça marche ». J'ajoute à cet inventaire les animateurs télé qui invitent deux humoristes en plateau en se disant : « Cool, je n'ai pas de questions à préparer, je les laisse ensemble et ils vont faire le show. » Sachez qu'on vous voit. Il m'est donc apparu que le rire politique est mal expliqué au public, donc mal compris, et qu'à travers ce type d'entretiens je participais à la confusion.

Malgré la place qu'il occupe partout dans nos vies, dans la sphère privée ou dans les médias, l'humour est sous-étudié scientifiquement et sous-questionné journalistiquement, comme si c'était un sous-sujet : « Comment ça ? Vous voulez étudier l'humour ? C'est une blague ? »

Il est pourtant l'un des miroirs les plus parlants de la société, et il se pratique dans toutes les situations, même les plus tragiques : en temps de guerre, après un attentat, voire au lendemain de la mort de Johnny. Le rire est comme le coquelicot : il pousse dans la boue et l'éclaire d'une petite touche de couleur vive. Si quelques-uns en sont persuadés depuis longtemps, d'autres l'ont découvert après les attentats à *Charlie Hebdo*, lorsque les hommages se devaient d'être rigolards dans le recueillement. C'est pourquoi le seul aspect de l'humour politique que j'ai choisi de ne pas aborder est celui qui touche à la religion : depuis 2015, la presse et la littérature à ce sujet foisonnent. Et non, c'est pas parce que j'ai la trouille !

Hormis ces aspects du sacré et du blasphème, côté universitaire, les chercheurs qui se sont penchés sur le rire politique se comptent sur les doigts d'une main et les ouvrages de référence se portent sous un seul bras. La France manque de docteurs en poilade. L'humour politique m'apparaît sous-étudié au regard de son apport à la société et du souk qu'il est capable de déclencher dans le débat médiatique, quand il n'est pas carrément soupçonné de causer un trouble à l'ordre public.

Lorsqu'en 2014 France Inter m'a confié le billet de 7 h 57, la mi-temps de la matinale dans le quart d'heure le plus écouté de France, la direction de l'antenne a pris le risque de réinjecter de l'humour politique dans une case qu'il avait désertée après le licenciement de Stéphane Guillon. Les entretiens avec la presse tournaient alors autour de cette question : « Les humoristes sont-ils les nouveaux éditorialistes ? » Huit ans plus tard, nous serions devenus des « idéologues », sans que personne ait questionné cette transition brutale qui a pourtant eu le temps de transiter par la phase « tous des islamo-gauchistes ». Ce glissement de sens est révélateur de la guerre culturelle que les conservateurs nous imposent, et particulièrement à nous, les humoristes. L'exemple américain prouve que les émissions satiriques sont un terrain d'affrontement privilégié dans cette prétendue guerre. De mon côté, je préfère en faire un terrain de jeu. Il est temps de remettre la mosquée au centre du village, notamment parce que la question peut aujourd'hui se poser dans l'autre sens : « Les éditorialistes sont-ils des humoristes ? » Mais nous ne sommes pas là pour parler de Christophe Barbier.

Comme toute personne qui prend la parole publiquement, nous sommes régulièrement amenés à devoir expliciter le sens de nos blagues et à rendre compte de notre métier qui intrigue autant qu'il inquiète, alors qu'il a pour but premier d'apporter de la joie dans la réflexion sur le monde. L'humoriste porte même parfois une responsabilité qui le dépasse complètement, car on lui prête une importance et un impact qu'il n'a pas. Voilà pourquoi il me semble nécessaire de poser cette question : « Qu'est-ce que l'humour politique ? » et de réfléchir à partir des quelques études menées par des sociologues, des historiens et des politologues, ainsi que des rares articles de fond publiés dans la presse. Je vous propose de confronter leurs conclusions à mon expérience d'humoriste pratiquante à la radio depuis dix ans, et d'en dégager quelques principes. C'est l'occasion de témoigner de mon métier. D'autant que les vertus de l'humour sont utiles dans la vie quotidienne : c'est un lubrifiant social, un exutoire et un moyen d'affronter diplomatiquement sa hiérarchie ou d'échapper à une domination, sans oublier qu'en plus, ça fait rigoler. Sans cela, la solution ultime serait de se jeter sauvagement sur son interlocuteur pour mettre un terme à la conversation, et d'avoir un bon avocat.

J'ai donc choisi ce titre : *Aux vannes, citoyens !*, car vous pourrez trouver là un petit manifeste d'autodéfense intellectuelle. D'autant que l'humour politique a aussi une vertu pédagogique, joyeuse, apaisante, cathartique, et donne les numéros du tiercé dans l'ordre.

Si vous pensez que l'humour est politique parce qu'il se moque du pouvoir, il est temps qu'on parle, vous et moi.

Une blague, ça ne s'explique pas. Mais l'humour, si.

Petites vertus de la gifle

Le rire politique nous cueille dès le réveil, à travers les matinales radio, l'endroit où il est le plus présent en dehors des salles de spectacle. Il est pourtant parfois qualifié de « violent ». La radio aurait-elle donc l'intention de nous gifler à l'heure du petit déjeuner ? Sur Maso FM, certainement. Sur les autres antennes, la violence matutinale prend plutôt la forme de l'anxiété que peuvent dégager une interview politique et un journal d'information. Si l'humour politique se glisse entre les deux, c'est pour injecter une dose de rire en spray, en suppositoire ou en tablette, un remède aux tensions.

Quand, dès potron-minet, la radio annonce le chiffre des suppressions de lits d'hôpitaux, beaucoup d'entre nous ont la brosse à dents qui se coince en travers de la gorge. À supposer qu'en plus, ce jour-là, les urgences soient en grève… Plus personne pour extraire la brosse à dents, mais là n'est pas la question.

Face à cette double mauvaise nouvelle irritante, si l'humour se saisit du sujet et si nous sommes disposés à prendre un peu de recul, notre exaspération retombe un instant. Parce que la lecture alternative des faits qu'offre le rire souligne l'absurdité de la situation et la pousse dans ses retranchements :

> Pour optimiser la place aux urgences, on empile deux brancards l'un au-dessus de l'autre, pour tester les brancards superposés. Hier, comme le patient du dessus s'est vautré, j'ai vu deux soignants finir par caler le patient à la verticale entre la machine à café et le distributeur de sandwichs de la salle d'accueil. De toute façon, on s'en fout, ils sont en panne depuis trois mois.

D'après les rares universitaires qui consacrent leurs recherches à l'humour, le rire est un « régulateur social ». Personnellement, j'opte pour l'expression « lubrifiant social » ou « vaseline », mais j'imagine que les chercheurs qui travaillent sur le rire ne se poilent pas forcément tous les jours. Bref, le rire vise notamment à « calmer les esprits, à réduire les tensions. Cette fonction à la limite pacificatrice, ou du moins venant dédramatiser des situations parfois délicates, possède sans contredit une dimension politique. On conviendra en effet que la dérision représente un outil efficace d'augmentation du niveau de tolérance des individus[1] ». (Ça marche dans les deux sens : vous aurez certainement remarqué que les plus intolérants manquent souvent de second degré.)

1. Julie Dufort et Lawrence Olivier (dir.), *Humour et politique : de la connivence à la désillusion*, Presses universitaires de Laval, 2015.

Le rire pacificateur

La satire, dans son acception large, est un « écrit, ou discours, qui s'attaque à quelque chose ou quelqu'un en se moquant », selon la définition du *Petit Robert*. Régulièrement jugée suspecte et parfois décriée, elle s'apparente tout de même beaucoup à un truc qui devrait être remboursé par la Sécu. Heureusement, elle est encore pour l'instant considérée comme une mission de service public. #MaRedevance.

En mars 2020, alors que les Français s'apprêtent à s'enfermer chez eux, la ministre de la Santé, Agnès Buzyn, renonce à son poste pour se porter candidate à la mairie de Paris et déclare après coup : « Quand j'ai quitté le ministère, je pleurais parce que je savais que la vague du tsunami était devant nous. Je suis partie en sachant que les élections n'auraient pas lieu. » Un acte de contrition recueilli par *Le Monde* dans un article titré : « On aurait dû tout arrêter, c'était une mascarade », ce qui donne au lecteur une fâcheuse envie de distribuer des gifles. Mais si l'on trouve un exutoire par l'humour, la gifle restera dans le domaine de la violence symbolique. Cette fonction de soupape rend caduc l'argument selon lequel l'humour encouragerait la violence politique : au contraire, il la canalise dans le rire.

Tout ça se déroule donc sur fond de campagne électorale pour les municipales, où seront élus des politiciennes et politiciens responsables…

> Qu'est-ce que les militants LREM vont bien pouvoir dire aux Parisiens pour les inciter à voter Buzyn ? « Dati et Hidalgo, c'est la peste et le choléra, choisissez plutôt le Covid-19 » ?

Dans cet extrait d'un billet consacré à la campagne de l'ex-ministre de la Santé, Rachida Dati et Anne Hidalgo se prennent une mandale au passage, mais de la part de militants LREM imaginaires, et dans un récit fictionnel : la violence du propos est bien symbolique. En revanche, cet épisode rocambolesque réalisé sans trucages par Agnès Buzyn est bien du domaine du réel et il nous aurait été épargné si le candidat initial, Benjamin Griveaux, n'avait pas oublié de refermer sa braguette (histoire de rappeler que certains faits ont l'air d'une blague, et qu'il est parfois difficile de distinguer la réalité de la fiction).

Dans ce type de contexte, une chronique satirique doit être comprise comme « un effort collectif pour normaliser et mieux absorber ce que le quotidien a d'incohérent, voire d'oppressant », elle offre « un pouvoir de défoulement par l'extériorisation de la tension, afin de rendre les situations réelles et vécues moins anxiogènes[1] », explique Robert Aird, enseignant à l'École nationale de l'humour au Québec (eh oui, l'école du rire existe, et en période de pandémie, c'est pas du luxe).

1. Julie Dufort et Lawrence Olivier (dir.), *Humour et politique*, *op. cit.*

La candidate Buzyn a poursuivi sa campagne avec un boulet au pied, elle s'est donc gaufrée, offrant la victoire à Anne Hidalgo, et nous avons fini par oublier cet épisode parce que nous l'avons digéré et accepté. Robert Aird montre que le rire est capable de mener à l'acceptation des choses, en prenant l'exemple de l'effort de guerre consenti par les Canadiens durant la Seconde Guerre mondiale. Pendant toute la durée du conflit paraît une revue satirique intitulée *Les Fridolinades*, qui tient des propos féroces sur la guerre et ses acteurs, sans pour autant remettre en cause la participation du Canada. L'humour contribue ici à l'effort de guerre en soutenant le moral du peuple, grâce à la libération procurée par le rire. En somme, rien de tel qu'une bonne guerre pour bien rire. Et ne faites pas les effarouchés, vous avez tous vu *Le Dictateur* de Charlie Chaplin.

Robert Aird en déduit que les humoristes caustiques « n'ont pas vraiment à s'inquiéter des autorités, tant que le potentiel de violence est investi dans cette forme tolérable que représente la dérision ». En d'autres termes, tant que le peuple canalise sa colère par le rire et que la satire sert de soupape aux tensions agressives, le pouvoir n'a aucune raison de se priver de ce levier. Et donc aucune raison d'appliquer la censure. D'ailleurs, la prochaine fois qu'un politique me signifiera son mécontentement après ma chronique, je lui rappellerai que c'est pour son bien (gratos, en plus).

Quant au terme « rire de résistance », il me paraît

aujourd'hui un peu galvaudé, puisque le rire contient en lui cette notion de « résister » aux événements qui nous entourent ou que l'on vit, pour s'en détacher. En revanche, ce terme existe au sens littéral, puisque Radio Londres diffusait des émissions humoristiques entre une intervention du Général et un programme patriotique, notamment « Honneur et patrie ». Jean Oberlé, journaliste spirituel, multipliait les sketchs. « On lui doit la fameuse ritournelle *Radio-Paris ment, Radio-Paris ment, Radio-Paris est allemand*, chantée au rythme de *La Cucaracha*[1]. » Quant à Pierre Dac, ses interventions à la BBC « vont dynamiter la propagande des collaborateurs et des Allemands [...]. Un humour qui stimule l'esprit d'insoumission des Français[2] ».

L'idiot utile du pouvoir

Il peut donc arriver que l'humoriste, même le plus mordant, devienne l'idiot utile du pouvoir. Ce chapitre a débuté avec un rire « utile » au citoyen, et l'histoire nous montre qu'il peut être « utile » au pouvoir. Moi-même, je n'étais pas prête à vivre un tel rebondissement. Je me suis donc demandé à quels moments j'aurais pu servir d'idiote utile aux différents pouvoirs que je m'amuse à

1. Pascal Fleury, « La bataille des ondes de Radio Londres », *La Liberté*, 10 octobre 2014.
2. *Ibid.*

brocarder depuis plusieurs années. À quel effort de guerre aurais-je participé ? Probablement à l'acceptation du premier confinement. Nous étions pourtant mis en garde par le président de la République qui avait déclaré le plus sérieusement du monde : « Nous sommes en guerre. »

Le gouvernement pouvait compter sur une armée de citoyens qui contribuaient à l'effort de guerre en partageant des blagues sur WhatsApp ou sur les réseaux. Tous, nous avons été de bons petits soldats de la blague au service de l'acceptation des mesures parfois absurdes ou contradictoires imposées par le gouvernement. Certes, nous n'avons pas été enrôlés de force, mais nous avons répondu à l'injonction de nous « adapter ». La dérision était sans doute la manière de s'habituer au contexte la moins coûteuse en énergie et la moins désagréable à vivre. Freud voyait d'ailleurs dans l'humour une certaine magie, qui consiste à ressentir du plaisir face aux situations les plus pénibles[1]. Freud aurait certainement adoré Jean Castex.

« La dérision ritualise la contestation en usant d'une violence symbolique qui reste verbale et qui jugule donc, en partie, les risques de remise en cause plus violente des pouvoirs[2]. » En d'autres termes, en préférant rire plutôt que nous lamenter, nous avons fait de la blague de confinement un rituel quotidien. « Les Romains étaient prêts à accepter n'importe quel effort de guerre à condition

1. Voir Marie-France Patti, *L'Humour, un défi aux certitudes*, *op. cit.*

2. Arnaud Mercier, « Pouvoirs de la dérision, dérision des pouvoirs », *Hermès, La Revue*, CNRS Éditions, 2001/1 (n° 29), p. 114.

qu'on leur donne du pain et des jeux[1] », sauf que nous, on fabriquait notre pain nous-mêmes. Nos jeux aussi. Alors, quand nous avons été reconfinés puis re-reconfinés, on a beaucoup moins ri de la situation. On peut en tirer la conclusion que plus on subit une contrainte, moins on trouve l'énergie d'en rire, et plus on la conteste au premier degré. Donc plus violemment.

Un an après le premier, le troisième confinement a davantage chatouillé les nerfs de chacun. Le réel peinant à se renouveler, les occasions d'y trouver matière à rigolade étaient moins nombreuses. Puis, l'affaire des restaurants clandestins alimenta la chronique en jetant, par ce nouveau biais, une lumière crue sur les inégalités que creusait le Covid :

> Heureusement, il y a aussi des riches qui ont eu le courage de rester à Paris, et ceux-là, on les retrouve dans les restos clandestins. Ces gens ne nous mettent toutefois pas en danger, puisque tout le monde sait que les riches restent entre eux. C'est pas eux qui nous collent le matin dans le RER en allant bosser. Eux, ils ont leurs restos VIP clandestins où ils choppent le variant truffé, après ils vont faire un tour dans l'arrière-boutique clandé de l'avenue Montaigne où ils font un cluster Hermès, et après ils se font soigner dans une clinique privée. La population des riches est en train de s'autoréguler. On ne peut pas lutter quand Darwin fait équipe avec Marx.

1. Julie Dufort et Lawrence Olivier (dir.), *Humour et politique*, *op. cit.*, p. 116.

Si le rire émousse la contestation, est-il capable d'empêcher une révolution ? (Vous avez quatre heures.)

Ce ne serait pas le seul paradoxe du rire, puisqu'on peut aussi poser cette question : si le rire s'empare et joue des clichés, contribue-t-il à les entretenir ? (À rendre pour la semaine prochaine.) Le rire paraît une chose simple, il se révèle très complexe. Pour ma part, je rendrai mes dissertations dans les prochains chapitres : sur le rire comme levier pour renverser les dominations et sur l'ambiguïté des clichés. Mais le seul constat historique à ce jour, c'est que, si caustique qu'il puisse être, aucun comique n'a jamais déclenché de révolution. On attend toujours le Robespierre du LOL et le Danton de la poilade.

Rire sur des œufs sans faire d'omelette

Le rire et la gravité

À partir de 2015, la question virale « Peut-on rire de tout ? » a connu un variant : « Peut-on rire après un attentat ? » Oui, mais pas tout de suite avec tout le monde, dirais-je. Selon l'historienne Sabine Melchior-Bonnet, « le premier rire sonne la fin de la sidération. Il accompagne le moment du recul, de la recherche d'explication et de la réflexion[1] ». Le moment du premier rire dépend de la disposition d'esprit de chacun, et l'humoriste qui doit s'exprimer au lendemain d'un tel événement a intérêt à être plus rapidement disposé que les autres. Après l'attentat qui coûta la vie au gendarme Arnaud Beltrame le 24 mars 2018 dans un supermarché de Trèbes, j'espérais dès l'entame de mon billet déclencher le premier sourire :

> Quand tu vois qu'après le Bataclan à Paris, l'aéroport de Bruxelles, la Promenade des Anglais à Nice ou le centre-

1. Sabine Melchior-Bonnet, *Le Rire des femmes. Une histoire de pouvoir*, PUF, 2021.

ville de Londres, aujourd'hui les djihadistes s'en prennent au Super U de Trèbes, tu te dis que ça y est, maintenant les types se décident en lançant des fléchettes sur Google Maps.

Les pages qui vont suivre ne seront pas les plus fendardes, mais c'est l'occasion d'expliquer que parfois, l'humour, ce n'est pas drôle. Il existe plusieurs sortes de rires, sur une échelle qui va de « pleurer de rire » à « rire pour ne pas pleurer ». On peut rire jaune, rire sous cape, rire « à se taper le cul par terre » ou rire de stupéfaction. Affirmer « Ce n'est pas drôle, personne ne rit » est révélateur d'une vision très limitée du rire. Si personne ne rit de façon sonore dans un studio de radio ou dans une salle, cela n'ôte pas au propos son caractère humoristique. Dans des circonstances graves, on aura recours à l'humour noir et au trait d'esprit plutôt qu'au pur effet comique. Ce type de texte n'étant jamais exempt d'une part de tristesse et de colère, il faut jongler avec des émotions contradictoires.

Dans *La Promesse de l'aube*, Romain Gary décrit admirablement l'émergence du rire face aux drames de l'existence : « L'humour est une déclaration de dignité, une affirmation de la supériorité de l'homme sur ce qui lui arrive. » C'est grâce à cette phrase que je me fais un devoir d'être présente à l'antenne chaque lendemain de catastrophe, pour prouver à moi-même et aux auditeurs que, ayant trouvé des mots d'esprit pour décrire le drame, nous ne plions pas sous son poids. Mais puisqu'on ne compte plus le nombre d'actes terroristes survenus en

France et dans le monde, il est chaque fois plus difficile de ne pas se répéter et de trouver de nouveaux mots. Si les politiques ont renoncé à faire cet effort en employant mécaniquement les mêmes formules, dont le sempiternel « Je condamne fermement », les écrivains, les humoristes ou les artistes en général mettent un point d'honneur à renouveler le récit de la sidération, de la colère et du chagrin (comme suivant les étapes du deuil). Le récit alternatif a un pouvoir consolateur et il me semble être le seul outil à notre portée pour ne pas finir blasé, voire cynique.

La punchline de Romain Gary sur l'humour comme « affirmation de la supériorité de l'homme » clôt une réflexion que l'écrivain tire de son expérience personnelle : « Instinctivement, sans influence littéraire apparente, je découvris l'humour, cette façon habile et entièrement satisfaisante de désamorcer le réel au moment même où il va nous tomber dessus. L'humour a été pour moi, tout le long du chemin, un fraternel compagnonnage ; je lui dois mes seuls instants véritables de triomphe sur l'adversité. »

L'humour est un mécanisme de défense, et Gary qui en a pris conscience l'utilise comme « une arme [que] personne n'est jamais parvenu à [lui] arracher » – sauf lui-même, puisqu'il finit par retourner un revolver contre lui, le jour où il perdit définitivement le sens de l'humour.

D'après Freud, c'est grâce au surmoi qu'on arrive à faire des blagues. Dans *L'Humour, un défi aux certitudes*, la psychothérapeute Marie-France Patti reproduit le dialogue freudien du surmoi qui s'adresse au moi : « Regarde, le voilà donc, ce monde qui a l'air si dangereux. Un jeu d'enfant, tout juste bon à ce qu'on en plaisante. » S'il avait appliqué cette légèreté dans un billet d'humour au lendemain du Bataclan, j'aurais donné moins d'une minute à Sigmund pour se retrouver convoqué dans le bureau de la direction et je lui aurais conseillé de fermer son compte Twitter. En revanche, cette citation épouse parfaitement le scénario du film *La vie est belle* de Roberto Benigni, où un père déporté avec son fils dans un camp allemand fait croire à son rejeton qu'il s'agit d'un grand jeu dont le gagnant remporte un char d'assaut.

Le soir même de l'attentat à *Charlie Hebdo*, le 7 janvier 2015, mes patrons à France Inter m'ont demandé d'être présente symboliquement pour une dizaine de minutes à l'antenne, avec mes camarades. La direction a failli renoncer quand on lui a dit : « D'accord, mais on fait un sketch où on interviewe Mahomet. » Gros malaise dans le bureau. Il a fallu argumenter, rassurer, expliquer que s'emparer immédiatement de l'image du prophète était le meilleur hommage, celui qui affirmait qu'on ne se laisserait pas intimider et qu'il fallait remonter tout de suite en selle si on voulait que les humoristes continuent à chevaucher le blasphème. Ce jour-là plus que les autres, la confiance mutuelle était la seule condition qui vaille. On a topé.

Le regard inquiet de Nicolas Demorand à 17 h 50, au moment de nous confier le micro, précédait cette question, glissée pendant un jingle : « Vous êtes sûrs de vouloir le faire ? » Bien que l'idée soit partie d'une blague lancée à la cantonade, nous y avions ensuite réfléchi tout l'après-midi. D'autant que, ce jour-là, « la blague qui tue » avait pris un nouveau sens.

Guillaume Meurice interprète Mahomet (peu d'acteurs ont eu ce privilège), je suis la journaliste qui l'interviewe (sacrée exclusivité) et Nicole Ferroni incarne Catherine dans ce texte coécrit par Guillaume, Alex Vizorek et moi :

— Nous sommes en duplex avec Mahomet. Bonjour, monsieur le prophète, et merci d'être en direct avec nous.

— Merci de me donner la possibilité de m'exprimer.

— C'est votre vraie voix, là ?

— Non, j'ai demandé à ce qu'elle soit trafiquée. Parce que j'ai peur, ils me foutent la trouille, ces connards !

— Vous voulez dire que vous ne les connaissez pas ? Parce que, eux, ils parlent en votre nom.

— Ça ne veut rien dire ! Francis Huster, il parle bien au nom de Molière et je peux vous dire que Jean-Baptiste n'est pas content ! Moi, je le connais !

— C'est pas faux… Mais ces gens prétendent pourtant avoir lu le Coran.

— Quoi ?

— Oui, ils agissent « au nom du Coran ».

— Qu'est-ce que c'est que cette histoire ? Attendez, je vais demander à mon attachée de presse… Catherine ?

— Oui ?

— Dites-moi, qui a fait la traduction en français de mon bouquin ? C'est qui, ce branquignol ?

— C'est pas moi !

— Je sais bien que c'est pas vous, Catherine, qu'est-ce qu'elle est idiote, celle-là ! Mais il faut vérifier avant d'éditer, c'est la parole du patron, c'est la parole d'Allah, tout de même !

— C'est peut-être vous qui n'étiez pas clair…

— C'est ça, et ça va être ma faute, maintenant !

— C'est vrai que dans votre livre il y a des passages parfois un peu violents.

— Oui mais c'est un livre, à la base. Quand vous lisez *Oui-oui contre les légumes magiques*, vous n'êtes pas obligés de bouffer de la ratatouille !

— Peut-être qu'ils ont lu l'original du Coran dans le mauvais sens… plutôt que de lire de droite à gauche, ils ont lu de gauche à droite…

— Oui, ça, c'est sûr, ils l'ont lu à l'envers : regardez-moi ça…

— Attendez, vous dites « regardez-moi ça »… mais où est-ce que vous vous trouvez actuellement ?

— Je suis dans les bureaux de *Charlie Hebdo*. Je suis venu récupérer des originaux de mes caricatures. Parce que moi, figurez-vous que ça m'avait fait plutôt marrer à l'époque. Même que je me trouvais beau gosse sur celle de Cabu.

— Merci pour cet entretien, monsieur le prophète, et à bientôt, j'espère dans d'autres circonstances.

— Inch'Allah !

Ce 7 janvier 2015, nous avons conclu avec la direction un accord tacite dont nous jouissons encore aujourd'hui : nous n'avons plus eu à expliciter la légitimité de l'humour en ces circonstances, ni à justifier la manière de le formuler. J'étais chargée du billet matinal et de l'émission de 17 heures depuis à peine quatre mois quand a eu lieu notre baptême du feu, ce qui a marqué au fer rouge nos débuts et influence encore à l'heure actuelle notre pratique quotidienne de l'humour subventionné. La suite a montré que ces drames jalonneraient notre jeune carrière, et cet accord tacite a malheureusement été plusieurs fois appliqué.

Attentats du 13 novembre à Paris, où le plaisir était visé :

> C'est difficile de prendre son pied quand il est à 50 mètres parce que t'as fait péter ta ceinture d'explosifs.

Attentats de Bruxelles :

> Si on m'avait dit qu'un jour je verrais des millions de Français dire « Je suis belge » sans que ça veuille dire « Je suis con » ! [...] Avant, dans les aéroports, les types prenaient la peine de monter à bord de l'avion, maintenant, ils se font péter avant... Voilà comment nous sommes passés de « Je suis en terrasse » à « Je suis au check-in ». [...] Le terroriste a eu la décence de ne pas se faire exploser dans le quartier des Français de Bruxelles. Sans quoi nous étions tous bons pour écrire sur Facebook : « Je suis exilé fiscal ». [...] Ces types n'ont rien en dessous de la ceinture, rien au-dessus de la ceinture : tu te demandes comment ils font pour l'accrocher.

Des mecs qui se font sauter au milieu de la foule pour, une fois en morceaux, espérer choper des vierges au paradis, voilà l'exemple le plus éclatant de comique absurde, si on s'en tient au texte. L'humoriste doit donc moquer l'absurde mortifère pour enclencher un mécanisme de défense. Face au pire, l'humour n'a d'autre prétention que de faire un peu de bien, de soulager. Allô, Freud ? « Le mot d'esprit est un moyen de se soustraire à la douleur. Il fait partie des méthodes employées par notre appareil psychique pour se défendre de la souffrance[1]. » Face au drame, pour une fois, l'humour politique pourrait donc s'avérer fédérateur et, exceptionnellement ici, ce serait même son intention de départ : faire bloc contre le camp des barbares.

Une fois que le premier rire a sonné la fin de la sidération, le feu est vert pour se lâcher davantage dans les vannes, sous d'autres angles d'attaque, même les plus inattendus. Par exemple, sur l'ubérisation du djihadisme, passé de deux avions lancés sur des tours à des attaques au couteau ou en voiture bélier, pour probablement finir par un assaut en trottinette électrique, une roulette à pizza à la main. On pourra aussi se repaître de la moindre défaillance dans le camp terroriste. Ainsi lorsque le groupe État islamique, prétendant être « un État », a commencé à avoir les problèmes d'un État : ceux de l'austérité. En

1. Marie-France Patti, *L'Humour, un défi aux certitudes*, *op. cit.*

effet, fin 2015, la presse annonce que le salaire des combattants a été divisé par deux :

> Je peux vous dire que là-bas, ça commence à gueuler sévère du côté de la CGT djihad : le djihadiste français qui acceptait déjà de se faire sauter pour 400 dollars par mois, là il se dit : « Ah non, à 200 dollars je ne suis plus du tout d'accord, c'est abuser ! » (C'est la blague du djihadiste auquel on demande de se serrer la ceinture.)

Il arrive enfin que le rire résonne telle une déflagration de joie, comme en réponse à la déflagration d'un attentat. Dix jours à peine après « Charlie », notre émission est délocalisée à Grenoble et Frédéric Fromet entame sa chanson « Coulibaly, Coulibalo » devant quatre cents personnes. Le silence du désarroi pèse si lourd que l'on pourrait voir jaillir un énorme point d'interrogation au-dessus des gens : « Mais qu'est-il en train de faire ? Où va-t-il nous entraîner ? Peut-on rire ? » Cette tension dure les vingt secondes du premier couplet, que le dernier vers vient déminer : « Et c'est Charlie qui redémarre ! » Là, le public comprend l'intention du chansonnier et laisse éclater un rire collectif, toute une salle se déchargeant d'un coup sec de la peur. La tension lâche comme un élastique qui casse et libère la joie. Ce rire fut unique, je n'en avais jamais entendu de pareil. Et la chanson a été fredonnée en boucle pendant des jours dans les cours d'école.

Coulibaly Coulibalo,
tu t'es bien fait trouer la peau.
Avec les deux frères Kouachi,
à l'épicerie, à l'imprimerie.
Vous faire flinguer c'était fatal,
vous qui étiez des vrais trous de balle !
Ah ah Allahou Akbar !
Et c'est Charlie qui redémarre.

Demain, j'ai Shoah !

Entre deux drames, lorsque l'actualité offre un moment de répit, on peut toujours compter sur la programmation des invités de la matinale pour amener un sujet lourd sur la table du petit déjeuner. Il est 7 h 50 et, à l'issue de l'interview de Léa Salamé, un court jingle marque la césure avec la partie sérieuse et annonce l'ouverture de la parenthèse rigolarde : mon billet de 7 h 57. Donc, très régulièrement, après le témoignage d'une rescapée de la Shoah, d'une victime de viol ou d'une candidate à l'euthanasie, tous les regards se tournent vers moi et m'implorent : « Maintenant, fais-nous rire ! »

Dans ces cas-là, je fais l'objet d'un peu de compassion de la part de mes collègues de la matinale, qui me souhaitent « Bonne chance » avant mon entrée en studio (avec l'impression de pénétrer dans le couloir de la mort). Au bout de sept ans d'angoisse à l'idée de ce moment, j'ai fini par adopter une nouvelle stratégie. Le jour où

Axel Kahn est venu nous annoncer en direct, dans le plus grand des calmes, qu'il allait mourir d'un cancer dans les prochaines semaines, je me suis isolée pour ne pas l'entendre. Je suis entrée en studio à la dernière minute pour m'extraire de l'atmosphère chargée d'émotion et dérouler de la façon la plus détachée possible mon texte sur « les livraisons de courses à vélo en dix minutes chrono » (une sorte de cancer de la société, dans le fond).

Inutile de préciser que je n'avais pas tout misé sur la galéjade. Mais le professeur Kahn, qui venait de livrer un dernier entretien souriant, tant il était capable de distance avec la mort, a eu l'élégance d'afficher un large sourire pendant toute la durée de ma chronique. Grâce à son soutien, je pense que mon billet a permis de ramener tout le monde aux petites préoccupations absurdes de la vie quotidienne, donc « à la vie, quoi ». Après un tel moment où l'auditeur arrête de respirer, suspendu à la séquence émotion, j'ai toujours l'impression d'arriver en soufflant dans une langue de belle-mère, en espérant que l'auditeur comprenne que je siffle le début de la récré : « Vous pouvez reprendre une activité normale. » Ou plutôt, vu l'horaire matutinal : « Au boulot, tas de feignasses, vous allez encore être en retard ! »

Chaque après-midi, le SMS qui m'annonce le nom de l'invité du lendemain s'affiche sur mon écran. « Demain, j'ai Shoah ! » Ma première réaction est spontanément un trait d'humour noir. C'est la phrase que je lance à la cantonade dans le bureau, parce que, à force de voir cette situation se répéter, Alex Vizorek en rit, et son rire m'apaise : il est le premier signe de compassion à l'égard du moment périlleux qui m'attend le lendemain. S'ensuit une interminable prise de tête tant la présence dans la même phrase d'« humour » et « Shoah » est casse-gueule. Dans ces moments-là, la première question à se poser, c'est : dans quelle disposition se trouve la personne qui vient témoigner en studio ?

Ce 20 septembre 2018, c'est Rachel Jedinak. Elle publie un livre, *Nous n'étions que des enfants*, dans lequel elle raconte que sa mère l'a giflée pour la faire fuir et ainsi la soustraire à la rafle du Vél' d'Hiv'. Ce fut le dernier geste maternel. Elle explique que cette gifle l'a sauvée. « Ah bravo ! Belle apologie de la gifle, pile au moment où on essaye de l'interdire ! » lançai-je à la programmatrice qui s'est chargée de « caler l'invitée », comme disent les gens des médias. Elle m'explique qu'elle a discuté avec Rachel Jedinak au téléphone, que celle-ci écoute mon billet tous les matins et que je la fais rire. Ce qui signifie qu'elle a les codes, elle connaît mes intentions et je peux tenter la vanne que je viens de faire à la programmatrice. Je la place en début de billet pour donner le *la* et ouvrir la voie à la suite du propos sur un ton léger et néanmoins concerné. L'auditeur, en revanche, ignore que l'invitée ne sera pas choquée par cette blague, c'est donc pour lui que je prends une petite précaution en soulignant tout de même mon intention :

> Ah bravo ! Belle apologie de la gifle au moment où on essaye justement de l'interdire ! Si je me permets de faire un peu d'ironie devant vous, c'est parce que, aujourd'hui, on a la chance de pouvoir rire de tout, et on profite de cette liberté pour ambiancer une époque un peu molle. Qui se plaindra qu'aujourd'hui, en France, la seule chose que risquent les enfants de huit ans, c'est de tomber sur un programme d'NRJ12 ? [...] Vous venez de nous rappeler que parfois la vie tient en trois mots. Pour vous, c'était « Fiche le camp », quand pour d'autres ça peut être « C'est notre projet », ou encore « Rends l'argent ». Il est donc normal que les jeunes aient du mal à s'imaginer que, hier encore, des innocents étaient obligés de se cacher, alors qu'aujourd'hui on invite quotidiennement sur des plateaux télé des individus qui ont été mis en examen.

La tâche est plus ardue lorsque l'invité qui évoque la Shoah débarque dans la matinale en ignorant qu'un billet humoristique succède à son témoignage. Lorsque Jean-Claude Grumberg est venu parler du conte qu'il avait publié sur le sujet, *La Plus Précieuse des Marchandises*, j'ai écrit avec des pincettes. Mais après tout, s'il s'est autorisé à traiter le sujet sous forme de conte, pourquoi ne pas essayer de pousser le curseur ? J'y suis allée *crescendo* pour installer un climat de confiance avant d'oser une comparaison avec Walt Disney. Le conte de Grumberg évoque le destin de Rose, un bébé embarqué dans un train de marchandises en route pour Drancy, qui sera poussé hors du train pour être sauvé de la déportation. Je livre mon texte in extenso parce qu'il montre que la palette de l'humour reste large face au sujet, et le balancement entre l'ironie et la sensibilité, nécessaire :

> Hier soir, au moment d'entamer la lecture de votre conte, j'étais assise dans un train. Avec un mioche qui a hurlé pendant vingt minutes et que tout le monde aurait volontiers balancé par la fenêtre. Sauf moi. Parce que j'étais justement en train… de vous lire. Et je me demandais si les enfants peuvent croire à cette histoire, *La Plus Précieuse des Marchandises.*
>
> Autant, des contes avec des haricots magiques qui grimpent jusqu'au ciel ou des chats qui portent des bottes et qui parlent, pourquoi pas. Mais des hommes qui mettent des familles dans des trains, et qui les emportent au loin pour les exterminer… Au mieux, vos lecteurs se diront qu'à côté, le Petit Chaperon rouge et Boucles d'Or ont quand même eu la belle vie. Et que parfois l'histoire réelle est bien plus horrible que celle que l'on imagine pour faire peur aux enfants. En somme, l'homme est un grand méchant loup pour l'homme.
>
> Cela dit, le conte est en effet le meilleur moyen de transmettre l'histoire et la mémoire aux plus jeunes. On en lit un peu chaque soir à son enfant en lui disant, tout en le bordant : « Et maintenant, tu dors, sinon Marine Le Pen va venir te chercher. » Tiens, d'ailleurs, vous avez pensé à envoyer votre texte à Ménard, Mariani ou Maréchal ? Non ! Vous avez raison, si vous l'envoyez individuellement à tous ceux qui ont la mémoire courte, vous n'aurez jamais fini.
>
> Moi, en refermant votre conte, je me suis dit : « Il faut tout de suite lancer sa traduction en hongrois, en

autrichien, en italien, puis la faire voyager aussi au Brésil et la diffuser aux États-Unis. »

Et pour ça, j'ai une solution : une adaptation par Walt Disney ! J'imagine déjà le final, avec le général de Gaulle qui chante « Libérééé, délivréééé ». Le seul risque avec Disney, c'est de voir votre histoire déclinée en attraction à Disneyland… et dans un sens ça a déjà été fait, ça s'appelle *La vita è bella* de Roberto Benigni.

Il est vrai qu'une fois que les témoins de cette époque auront disparu, il faudra trouver tous les moyens pour ne jamais perdre la mémoire. Pour l'instant, on n'est pas prêts à ça, mais demain, après *Tchoupi à l'école* ou *Tchoupi à la plage*, on ne pourra plus faire l'économie d'un *Tchoupi face à la menace SS*. Ça va faire un sacré contraste avec *Shoah*, heureusement que Claude Lanzmann n'est plus là pour voir ça. Remarquez, on aurait su quoi lui répondre, au grand Claude : un conte sur la Shoah, ça nous change du conte paru à la fin de la Seconde Guerre mondiale… Vous savez, celui où tous les Français étaient dans la Résistance.

Bref. D'habitude, à la fin des contes, on lit souvent : « Ils vécurent heureux et eurent beaucoup d'enfants. » Mais quand on lit le vôtre, on espère tout juste qu'à la fin il y ait écrit : « Ils vécurent. »

Mort de rire

Une fois qu'on a affronté la Shoah et les attentats, on ne va pas mollir devant l'euthanasie. Pour affronter ce sujet, je pense toujours à ces mots de Charlie Chaplin :

« L'homme n'est jamais aussi comique que lorsqu'il regarde la mort en face. C'est uniquement en connaissant la mort que nous pouvons être comiques. C'est la raison pour laquelle les animaux ne rient pas[1]. » Cette citation a achevé de me convaincre que la mort était matière à rire. Et si, au début de ma carrière d'humoriste, Alex Vizorek m'a conseillé d'éviter d'énoncer le mot « mort » dans une chronique, aujourd'hui, il en a fait tout un spectacle, intitulé « Ad vitam », alors on peut se lancer.

En 2017, l'écrivaine Anne Bert vient témoigner dans la matinale à la veille de son départ pour la Belgique, où elle a prévu de mourir dans la dignité. L'euthanasie a été dépénalisée dans mon pays en 2002. « Partir, c'est mourir un peu, mais partir en Belgique, c'est mourir beaucoup », ai-je expliqué le lendemain de son interview qui m'avait tant émue, et replongée dans la perplexité : le pays des droits de l'homme ne lui accorde toujours pas celui-là, l'ultime droit humain.

> Vous avez été plus rapides que les Belges pour abolir la peine de mort, mais vous tardez un peu trop à abolir la peine de vie ! Vous êtes bizarres, vous, les Français. Vous faites la guerre à l'assistanat et, lorsque des gens préfèrent mourir plutôt que de finir assistés, vous les en empêchez. J'entends d'ici les intégristes… « Et bientôt l'euthanasie de confort ? » Attention. L'euthanasie ne peut être autorisée

1. Michael Köhlmeier, *Deux messieurs sur la plage*, Jacqueline Chambon, 2015.

que dans les cas extrêmes, comme en phase terminale de maladie incurable ou si on a voté Fillon à la présidentielle.

L'euthanasie fait néanmoins son chemin dans la mentalité des Français, une majorité y semble désormais favorable. Rien qu'à Paris, les automobilistes sont favorables à l'euthanasie des cyclistes. Alors que chez les cyclistes, c'est l'inverse. Cela fait donc déjà beaucoup de gens pour. Malgré tout, le sujet reste un tabou – la mort sur ordonnance – et le traiter dans un billet d'humour, c'est l'équivalent d'un triple lutz-boucle-piqué sur la patinoire de la matinale la plus écoutée de France.

Une fois passé le crash-test avec ma première tentative, j'ai réitéré l'expérience en m'attelant à trouver d'autres termes pour le dire et d'autres mots pour le rire. Trois ans après le témoignage d'Anne Bert, l'ancien maire de Paris, Bertrand Delanoë, militant de la fin de vie digne, est invité. Je préviens l'équipe : « Demain, je vous ferai mes meilleures blagues d'euthanasie ! » De nouvelles blagues, puisque la pandémie place la fin de vie dans un tout autre contexte : on s'est toujours demandé s'il y avait une vie après la mort, mais depuis 2020 la question est de savoir s'il y a encore une vie avant la mort…

Les gouvernements français ont toujours été contre l'euthanasie, alors que, contrairement à l'AstraZeneca, là on est sûr que ça fonctionne. Personne ne s'est jamais plaint d'effets secondaires indésirables. Taux de réussite : 100 %. Et là, vous vous dites : peut-on rire de la fin de vie ? Oui, à l'heure où la vie est devenue chiante comme la mort, c'est même une nécessité.

Je reconnais que c'est déjà pas facile de vivre dans la dignité, alors mourir ! Je ne comprendrais pas que la France refuse de légaliser l'euthanasie alors que c'est une façon de partir plus dignement que sous le poids de trois CRS… Vous avez peut-être le savoir-vivre à la française, mais nous, on a le savoir-mourir à la belge. On sait le gouvernement français frileux quand on parle d'euthanasie. D'ailleurs, vous aurez remarqué que, sur l'attestation de déplacement, il n'y a pas de case : « Aller mourir en Suisse ». C'est pas une raison essentielle pour sortir de chez soi, comme le rappellent les opposants à l'euthanasie : un enfant, c'est un papa et une maman, et la mort, c'est une souffrance et une volonté divine.

On ne nous a pas demandé notre avis avant de nous jeter dans ce monde, le jour de notre conception. Donc, la moindre des choses, ce serait de pouvoir prendre la décision au moment de le quitter. Mais il n'y a aucun levier pour des négociations avec des personnes qui souhaitent que tout s'arrête. On ne va pas leur dire : « Maintenant, tu vis, sinon je te tue ! » J'ai pris le parti de rire de la mort pendant que je peux encore le faire ! Je me dis qu'on aura tout le temps de faire la gueule après l'avoir croisée.

À la sortie du studio, Bertrand Delanoë me demande s'il peut emporter mon texte. Dire un écrit à l'antenne, c'est déjà l'abandonner : il peut être reproduit, utilisé ou instrumentalisé par la suite et l'auteur n'a aucune prise sur ce qu'il advient. Offrir son texte de la main à la main, c'est autre chose, surtout à un ex-politique devenu militant d'une cause. En lui confiant mon papier, j'ai choisi ma façon de l'abandonner, je deviens donc soutien d'une lutte militante, hors antenne. Dans ce cas précis et à titre exceptionnel, si certaines de mes formulations peuvent servir cette cause, je me sens à l'aise avec l'idée. C'est justement parce qu'on aime la vie qu'on ne veut pas en gâcher la fin. Alors mourons sans entraves !

Les deux fois où j'ai abordé ce thème sont peut-être deux rares moments où j'ai flirté avec l'« humour militant ». En réalité, je récuse cette formulation car elle me semble antinomique (j'y reviendrai dans le chapitre politique), mais lorsqu'on l'emploie, c'est pour signifier que la volonté de faire progresser une idée, dans l'espoir que la loi change, est supérieure à la volonté de faire rire. Je ne crois pas avoir franchi cette ligne, pas même sur l'euthanasie, où je pense avoir mis à parts « égales » la volonté de changer les choses et le rire. Cet équilibre se joue à l'écriture : il faut se démerder pour trouver des traits d'esprit, voire des bonnes blagues sur l'euthanasie (à mourir de rire, donc) – celles qui prouvent que l'auteur a réussi à prendre de la distance avec son sujet. Et puisque le capitalisme récupère tout, si l'euthanasie devait un jour sombrer dans le business, nous lirions : « Venez mourir en *all inclusive* au bord du Léman » et l'humour ferait partie de l'argument de vente au même titre que les punchlines sur les paquets de nouilles du Monoprix (ça, c'était pour « l'humour commercial »).

Enfin, il arrive que la mort survienne de façon absurde, et là, pardon, mais c'est cadeau. Un cadeau de la mort. Les circonstances tragiques n'échappent pas au comique. En 2019, une étude a recensé deux cent cinquante-neuf décès en six ans dus à des selfies trop périlleux. Chaque époque a le désastre qu'elle mérite : la peste, le choléra ou l'autoportrait. On dit que le ridicule ne tue pas, mais j'ai comme l'impression qu'à l'ère numérique il a décidé de s'y mettre. J'ai donc imaginé l'oraison funèbre d'un citoyen tombé sur le front des Gafa :

> Michel, tu pars, en laissant derrière toi des milliers de souvenirs sous ton meilleur profil, le profil droit. Toujours souriant, avec cette expression que nous connaissions tous puisque c'était la même sur tous tes posts Insta. Cette fois-ci, c'était celui de trop. Tu n'aurais pas dû tourner le dos à ce cobra royal lors de ton séjour en Thaïlande, mais malheureusement, tu étais trop passionné. Passionné par les serpents, passionné par la photo et, surtout, passionné par toi-même… Tu serais si heureux, Michel, de voir aujourd'hui tous les likes sous ton dernier selfie. Tes deux cent trente-quatre followers sont aujourd'hui orphelins. La vie sans toi paraît triste comme un filtre sépia. Malgré tout, nous te savons en paix, car tu pars accompagné de ce qui t'était le plus cher : ta perche à selfie, ton iPhone 7 et ta femme. N'oublie pas, une fois arrivé au paradis, d'essayer de gratter une photo à côté de saint Pierre. Voilà, bon… QUI VEUT PRENDRE UN DERNIER SELFIE AVEC MICHEL ? C'EST LE MOMENT, LÀ !

Si, au terme de ce riant chapitre, vous restez circonspect sur le fait de consacrer son dernier souffle à se poiler, je m'en remets à celui qui met tout le monde d'accord, Pierre Desproges : « Oui, on peut rire de tout, on doit rire de tout. De la guerre, de la misère et de la mort. Au reste, est-ce qu'elle se gêne, elle, la mort, pour se rire de nous ? Est-ce qu'elle ne pratique pas l'humour noir, elle, la mort ? […] Tous, tous nous sommes fauchés un jour par le croche-pied rigolard de la mort imbécile, tandis que les droits de l'homme s'effacent devant les droits de l'asticot. Alors : quelle autre échappatoire que le rire, sinon le suicide, poil aux rides[1] ? »

1. « Tribunal des flagrants délires, réquisitoire contre Jean-Marie Le Pen », 28 septembre 1982. Publié dans *Les Réquisitoires du tribunal des flagrants délires*, Le Seuil/France Inter, 2018.

Face-à-face avec le politique

« Si l'humour déstabilise autant, c'est parce qu'il échappe au pouvoir. Il ne croit pas en lui. Il refuse la normalisation qu'il propose. »

Cynthia Fleury, *Les Irremplaçables*

Dans sa définition la plus courante, l'humour surgit de la différence entre ce qui est attendu et ce qui est finalement reçu. La politique est une matière première inépuisable, un tonneau des Danaïdes, puisque ce qui nous est promis est rarement mis en œuvre, et que c'est même souvent son contraire qui est appliqué. Ce qui est annoncé et donc attendu : « Mon ennemi, c'est la finance » (François Hollande), « Je ne veux plus, d'ici la fin de l'année, avoir des femmes et des hommes dans les rues, dans les bois ou perdus » (Emmanuel Macron), « Demain, j'arrête de boire » (tonton Jean-Claude, président de l'amicale bouliste). Ce que l'on reçoit : « Un ou deux sucres dans votre café, monsieur Arnault ? », « Un ou deux coups de cutter dans la tente ? » et « Jacqueline, remets-nous un verre de muscadet ! »

J'aurais pu illustrer ce propos par une visite d'Emmanuel Macron au cours de laquelle ce qui est attendu, c'est qu'il aille serrer des mains, et ce qui est reçu, c'est une gifle au cri de « Montjoie! Saint-Denis ». Voilà pourquoi ce geste condamnable nous a fait rire malgré tout.

Inverser le rapport de domination

Voilà aussi pourquoi déposer une casserole sous le nez de Nicolas Sarkozy ou crier « Rends l'argent, François! » devant François Fillon sont des gestes salutaires, qui font partie des petits plaisirs du métier d'humoriste politique, et des petites suées pour les journalistes présents dans le studio et les dirigeants du média qui m'ont engagée. C'est ce genre de situation qui m'amuse le plus ; une fois que j'ai bien réfléchi à comment amener le scud avec l'air de ne pas y toucher, je fonce avec une joyeuse insouciance. Tout cela n'est qu'un jeu.

Dans le cas de Fillon, Patrick Cohen, qui présentait le 7/9 de France Inter à l'époque, a découvert la blague en direct (il confiera plus tard : « J'ai vraiment cru que François Fillon allait quitter le studio »). Le coup de la casserole fut plus compliqué à gérer car il s'agissait de la toute première « Émission politique » sur France 2 et Nicolas Sarkozy essuyait les plâtres. Pour les besoins de la réalisation, j'ai prévenu la veille que j'entrerais en plateau avec l'ustensile de cuisine, ce dont la rédaction a essayé de me dissuader, trouvant cela trop frontal. Or je savais comment l'amener délicatement : « La casserole ? C'est pas du tout ce que vous croyez, il est tard, j'avais faim, tout simplement… » Le but étant qu'une casserole apparaisse à l'écran, posée sous le nez de Nicolas Sarkozy pendant toute la durée de ma chronique. Pour l'imposer, j'ai dit que si je devais passer du temps à me justifier dès ma première intervention, je ne viendrais pas et je mettrais fin à cette collaboration avant qu'elle ait commencé. La chaîne ayant abondamment communiqué dans la presse sur ma participation à l'émission, ils étaient sans doute un peu coincés. J'ai pu faire le coup de la casserole, mais le réalisateur a pris soin de cadrer assez serré pour qu'elle n'apparaisse que quelques secondes.

Cela dit, après cet épisode, j'ai bénéficié d'une paix royale. Je suis très reconnaissante à cette équipe de m'avoir ensuite laissé une liberté totale, sans jamais relire mon texte avant l'antenne, car c'est une exception notable en télévision et une marque de confiance très rare. Ils ont eu du culot en inaugurant cette séquence, d'autant qu'elle a dû leur demander beaucoup de temps de négociation : la présence de mon nom sur la liste des intervenants en plateau a régulièrement été un point d'accroche avec les équipes de campagne des candidats.

La casserole et le « Rends l'argent, François ! », c'est pourtant l'essence même du rire politique : inverser le rapport de domination, renverser la hiérarchie, faire tomber la statue de son socle. Pour Cynthia Fleury, l'humour est « une force métaphorique révolutionnaire, qui renverse une situation sans faire tomber personne pour autant[1] ».

D'une vanne, on procède à un renversement aussi brusque que symbolique. Certains y verront une violence, tandis que d'autres estiment cela inoffensif. Ce renversement du rapport de domination est d'autant plus bénin qu'il est furtif ; au moment où la blague est finie, le réel reprend le dessus : la table qui a été fictivement renversée pendant quelques secondes est remise sur ses pieds avec la nappe, les petites serviettes, le service en porcelaine, et Gérard Larcher reprendra de la blanquette.

L'humour politique crée de la tension parce que, dans l'instant, c'est un uppercut : d'un éclat de rire, on disqualifie la cible. Les ministres et les élus sont rodés aux critiques de leurs adversaires politiques, mais pas aux blagues envoyées en face à face, car elles leur renvoient leur image médiatique à la figure, quand leur entourage flatteur s'emploie justement à les en préserver.

Lorsque Alain Minc est invité dans les médias, c'est pour nous gratifier de son éclairage sur le monde, alors que pour le public qui suit un peu la politique, son image médiatique tient en deux points : il se plante dans ses prévisions et c'est un plagiaire notoire. Mais en interview, il nous est présenté comme un visionnaire. C'est donc avec une joie non dissimulée que je le croise à l'antenne en septembre 2021.

1. Cynthia Fleury, *Les Irremplaçables*, Gallimard, 2015.

> En 2008, vous aviez dit, je cite : « La crise est derrière nous. » Elle est de vous, celle-là ? Vous auriez pu l'avoir piquée à Élisabeth Tessier… C'est peut-être pour ça que vous vous plantez régulièrement sur l'avenir. Si ! En vrac, il y a eu plantade sur la réélection de Chirac, la mondialisation heureuse ou la crise des subprimes. Et, fait notable, les journalistes ne disent quasiment jamais de mal de vous. C'est l'avantage d'être le conseiller de Bolloré et de Lagardère. Même dans le service public, on est gentil avec vous : vous avez été condamné deux fois pour plagiat, et nous, on vous invite pour quoi ? Pour un livre !

« Comment a-t-il réagi ? » me demande-t-on souvent au sortir d'une chronique, ce qui montre l'importance accordée à l'attitude de l'invité. Dans ce cas précis, Alain Minc a répondu par un sourire crispé, comme s'il venait de se coincer une couille entre deux volumes de Proust.

Chaque politique un peu rodé aux médias a établi une stratégie face au rire, d'autant que l'émission est filmée. Il peut faire la gueule ostensiblement pour contenter sa base en envoyant le message « Je reste au-dessus de tout ça, je suis un politique donc un homme sérieux, vous ne me ferez pas descendre de mon socle » (il ne s'aventure que rarement dans le « vous n'êtes pas drôle », sachant que le rire est subjectif). Il peut rester neutre pour ne pas prêter le flanc à l'interprétation d'une réaction ou parce qu'il ignore comment réagir, ce qui fut beaucoup le cas des LREM, novices politiques au début du quinquennat

Macron. Le politique plus aguerri sait qu'il peut s'autoriser à rire pour se rendre sympathique et montrer qu'il est capable de recul. L'invité peut aussi opter pour un rire forcé afin de disqualifier à son tour le propos de l'humoriste, « Haha, c'est tellement pas moi, ce portrait ! », ou enfin se barrer pour ne pas avoir à écouter le billet d'humour, comme Marine Le Pen ou Rachida Dati, qui confiera un jour à l'équipe de la matinale : « Je crains qu'elle me traite de facho », ce qui trahit une appréhension à être confrontée à la représentation de soi dans la caricature et une méconnaissance de l'humour, puisqu'il n'a pas vocation à insulter. Jusqu'à présent, en huit ans de pratique quotidienne, aucun politique n'a été blessé : reviens, Rachida !

« Ce rire est une soupape de l'agressivité. Du fait qu'il adhère et participe au comique de la plaisanterie, [l'auditeur] peut se décharger sans risque de ses propres tensions agressives[1]. » Autrement dit, s'offusquer d'une blague politique, c'est oublier qu'on reste dans la symbolique du langage. La blague est une fiction dans laquelle le fort devient le faible, le grand devient petit, le haineux devient zob[2]. Si moucher le politique a une vertu, c'est de décourager quiconque de lui mettre une tarte, car elle lui aura déjà été assenée par le rire devant un auditoire.

Dans le face-à-face qui met en scène le politique et

1. Arnaud Mercier, « Pouvoirs de la dérision, dérision des pouvoirs », *art. cit.*

2. Surnom que j'ai attribué à Zemmour en détournant le Z de ses affiches.

l'humoriste, le premier représente la domination et le second, une voix citoyenne, celle qui va confronter un instant l'élu à Mme et M. Tout-le-monde. Dans la plupart de mes chroniques, j'incarne en partie « Mme Dupont », ou ce que les Québécois appellent l'« Average Joe », l'homme de la rue (un rôle auquel le journaliste ne peut pas prétendre, vu son statut de médiateur). Cela ne fait pas forcément de l'humoriste un porte-parole de ses concitoyens, mais il s'amuse à les incarner pour relayer certaines de leurs préoccupations, affecter une fausse naïveté déçue, voire irritée, et jouer avec les clichés entretenus dans la population. Bref, l'humoriste offre au politique un petit moment de reconnexion au citoyen lambda. Une reconnexion en douceur, si on la compare à un jet d'œuf.

Pour marquer l'abolition de la hiérarchie entre un politique (l'autorité) et l'humoriste (le citoyen), le recours au tutoiement est très efficace. Je ne l'emploie qu'à travers un personnage, en incarnant un proche imaginaire de l'invité, ce qui justifie cette familiarité : un militant, une vieille connaissance ou un membre des « Jeunes avec... ».

Invité à partager mon billet matinal, Guillaume Meurice s'est offert le plaisir de dire à Éric Ciotti : « Toi, le p'tit chauve, va me chercher un thé à la menthe », en rabaissant le député dans la position du laquais, donc en inversant brusquement le rapport d'autorité et de domination. Mon complice est drapé en prince du Qatar, on crée donc une fiction qui permet de balancer cette phrase sans craindre de représailles, car les personnages et le déguisement de Guillaume marquent bien l'intention : « Ceci est une mascarade. » J'interprète la directrice du grand hôtel Negresco, qui se vante d'« accueillir chaleureusement les étrangers » :

— Moi, je peux vous dire, en tant que directrice du Negresco, à Nice, j'adore les Arabes. Ils sont les bienvenus. N'est-ce pas, monsieur le prince du Qatar ?

— Je confirme. On est bien traités ! D'ailleurs, toi, le p'tit chauve, va me chercher un thé à la menthe !

— Ah non, attendez ! Lui, c'est monsieur Ciotti ! Il est député français.

— Et alors ? Il ne sait pas faire du thé à la menthe ?

— Si, sans doute, mais c'est pas son rôle. Lui, il vote les lois.

— Eh ben, si c'est les serveurs de thé qui votent les lois dans ce pays, faut pas s'étonner que ça parte en rognon de chameau !

— Mais non, c'est un ami de M. Sarkozy !

— Ah, Sarkozy ! Lui, je l'aime bien. Quand Kadhafi plantait sa tente à l'Élysée, y avait pas un flic pour la lacérer !

Preuve que nous sommes bien dans la symbolique, on n'a jamais vu le thé arriver, et Ciotti n'a pas aplati Meurice à la sortie du studio. Mais, le temps d'un sketch, l'humour a eu le pouvoir de transformer un député anti-immigration en laquais d'un prince du Qatar. Il est donc permis de tenir sous les traits de l'humour des propos qu'on n'oserait pas affirmer avec sérieux.

« Selon Hobbes, le rire permet de se sentir supérieur aux autres ou à soi-même pour une période momentanée[1]. » J'ai plutôt le sentiment que mes deux minutes d'humour libre permettent de ramener un ministre ou un grand patron à mon égal, et donc à l'égal de l'auditeur, du citoyen. Je dispose d'un court espace pour assener à mon interlocuteur ce que beaucoup de gens auraient envie de lui dire en face et qu'ils doivent se contenter de marmonner devant leur écran. L'exemple le plus significatif de cette fonction du rire dans la matinale de France Inter étant le « Rends l'argent, François ! » devant François Fillon, le 6 avril 2017, à moins d'un mois du premier tour de la présidentielle :

— Il faut que tu casses ton image d'homme trop sérieux, lâche-toi un peu !

— Fais des blagues, ou des devinettes... Tiens, par exemple : M. et Mme Renlard ont un fils, comment l'appellent-ils ?

— Ah... Mo, je l'ai pas...

— Jean-François !

— Jean-François Renlard ?

— Non... RENLARD JEAN-FRANÇOIS !

— Ah, rends l'argent ! Ouais, rends l'argent, François ! C'est bon, ça !

— Oh, faut bien rigoler un peu !

1. Julie Dufort et Lawrence Olivier (dir.), *Humour et politique*, *op. cit.*

Le « duel entre l'humoriste et sa cible » est, selon Nelly Quemener[1], le « parfait produit de son époque. Cet humour est le client idéal d'une arène médiatique célébrant petites phrases et bons mots, et le symptôme d'une personnalisation excessive des discours à l'œuvre dans le champ politique[2] ». De l'œuf ou de la poule, il semble donc que cet exercice découle du combat de coqs politique. Une fois encore, l'humour n'est que le miroir qui se promène au bord du chemin.

Le pouvoir économique étant supérieur au pouvoir politique, j'ai du mal à contenir mon excitation à l'idée de me payer un grand patron. La plupart d'entre eux ayant pour principale compétence de licencier, je tomberais dans la facilité en choisissant cet axe de rigolade, alors qu'il en existe tant d'autres. Le cas du P-DG des magasins Carrefour, Alexandre Bompard, m'a semblé emblématique d'un système typiquement français. Il sort de l'ENA, il est donc potentiellement capable de diriger n'importe quoi : la FNAC un jour, Carrefour le lendemain, et qui sait, bientôt, un groupe hospitalier ? J'ai profité de l'un de ses rares passages dans les médias pour le confronter à cette exception culturelle :

1. Maîtresse de conférences en sciences de l'information et de la communication à l'université Sorbonne-Nouvelle - Paris III et membre du laboratoire Communication, Information, Médias (CIM).

2. Nelly Quemener, *Le Pouvoir de l'humour. Politiques des représentations dans les médias en France*, Armand Colin, 2014.

Moi, quand je fais mes courses, j'achète des yaourts Carrefour. Vous, quand vous faites vos courses, vous achetez carrément Carrefour ! Alors qu'il y a quelques années, vous étiez le P-DG d'Europe 1. C'est la magie quand on sort de l'ENA, ça : un jour on propose de l'information et le lendemain, on vend des saucisses. Vous êtes comme Mireille Mathieu, vous êtes là où l'on vous pose. C'est vous qui avez fait revenir Michel Drucker sur Europe 1 ! J'espère que vous n'utilisez pas les mêmes méthodes pour Carrefour, parce que sinon, bonjour la fraîcheur des produits !

Ensuite vous êtes devenu le patron de la FNAC, que vous avez « diversifiée » puis fusionnée avec Darty. C'est vous qui avez pensé à vendre des friteuses dans les rayons de la FNAC. Grâce à vous, aujourd'hui, on peut acheter un aspirateur entre Marguerite Duras et les Rolling Stones ! Là, on sent le mec qui était passé avant par Canal+ et la radio…

Mais tiens, j'y pense, m'sieur Bompard. À Radio France, y a une place de P-DG qui se libère : vous pourriez peut-être finir par nous diriger. Et fusionner Carrefour avec Radio France… Moi, si y a un rayon charcuterie à France Inter, ça ne me choque pas. Regardez, derrière Nicolas, y a moyen de pendre des jambons, et puis on demande à François Morel de glisser un petit mot sur la rillette pendant une chronique du vendredi.

C'est ça qui est formidable quand on a fait l'ENA, c'est qu'on peut tout faire ! Diriger une radio, vendre des frites surgelées, faire de la politique, engager Karen Cheryl puis licencier neuf cents caissières ! C'est le même métier. Patron, ça consiste en deux qualités essentielles : lire des tableaux Excel et tenter de fuir avant l'arrivée d'Élise Lucet !

Il y a vingt-cinq ans, quand le patron de Carrefour a quitté l'épicerie, il est parti diriger l'ANPE… Je ne vous conseille pas de poursuivre à la tête de Pôle emploi, parce que vous allez y retrouver tous les employés que vous venez de licencier.

Le ratio audience-emmerdes

L'humour politique aurait déjà disparu des antennes généralistes s'il n'était pas lucratif. « Le rire devient la principale industrie culturelle de masse, souligne Alain Vaillant, professeur de littérature française à l'université Paris-Nanterre. Dans les publicités, il traverse tout l'espace marchand, les émissions comiques servent de support à des médias entiers. On n'est plus à l'époque des cafés-théâtres et des cabarets de la Rive gauche comme dans les années 1950-1960. Le rire rapporte beaucoup d'argent, c'est un spectacle populaire[1]. »

En effet, l'humour génère des vues, des clics, des « j'aime » et des pouces. Aux médias, il assure de la visibilité, de la pub et une dose d'impertinence, tout en rajeunissant l'audience. Pour les théâtres, un spectacle d'humour est une promesse de remplissage. D'autant que l'un nourrit l'autre : une chronique radio vous assure une

1. Interview d'Alain Vaillant par Nathalie Simon, « Ce n'est pas le rire qui change, c'est ce qu'on a le droit de dire ou de ne pas dire », *Le Figaro*, 6 février 2019.

promotion permanente pour votre spectacle. Mais pour un dirigeant d'antenne, si engagé soit-il dans la défense de la liberté d'expression, le rire politique promet un cortège de contrariétés : nos directions soupèsent donc en permanence le ratio bénéfice-risque, ou plutôt le ratio popularité-emmerdes.

Mon métier donne des sueurs froides aux responsables éditoriaux qui s'attendent à tout moment au déclenchement d'une polémique médiatique, à un coup de fil courroucé de Matignon et, dans le meilleur des cas, à une brouette de courriers d'auditeurs auxquels il va falloir répondre. Le rire politique est donc considéré comme une prise de risque, qui valorise le média un jour et le plombe le lendemain. Lorsque j'ai intégré la sainte matinale, un confrère m'a dit : « Tu seras remerciée pour la raison précise pour laquelle tu as été engagée. » Autrement dit, si je veux poursuivre sur la même radio, il sera bientôt temps que je me mette à l'horoscope.

Si un jour un patron de média devait nous reprocher de faire évoluer l'antenne sur des montagnes russes, entre l'éclat de rire et les emmerdes, il renierait l'essence de la chronique d'humour, puisque « le rire ne prend pas de précautions », selon Nelly Quemener, l'une des très rares universitaires à travailler sur le rire politique. Je conseillerais à nos patrons d'afficher cette phrase dans leur bureau pour la répéter à qui fait semblant de ne pas vouloir l'entendre. Cependant, les précautions existent, puisque l'humour, c'est avant tout de l'écriture, et que l'écriture, c'est un temps de réflexion. Le moment où on se pose la question du respect de la loi, de la responsabilité vis-à-vis de l'ordre public et de ses propres scrupules.

J'ai la chance d'exercer sous une direction qui comprend les codes, ce qui lui permet de nous défendre lorsque nous sommes pris pour cible. À propos de la nouvelle génération des humoristes en France, Laurence Bloch, directrice d'Inter, explique : « Accompagnons-les, respectons-les et, quand l'envie prend à l'un ou l'autre de les traiter comme des enfants inconséquents ou mal élevés, souvenons-nous de ce dimanche 11 janvier 2015 où nous étions des millions à manifester pour l'un des droits de l'homme les plus essentiels : la liberté de s'exprimer, liberté que *Charlie Hebdo* a si chèrement payée[1]. »

L'un des plaisirs inavoués de l'humoriste est de jouer avec les limites de l'acceptation sociale, et c'est une gageure, car celle-ci peut évoluer d'un jour à l'autre en fonction d'événements ou du contexte sociétal – je pense notamment au mouvement #MeToo. Franchir les limites de l'acceptation sociale pour la questionner est indispensable et, pour ce faire, la forme humoristique me semble la plus appropriée. Aucun humoriste n'a pour autant intérêt à les dépasser exagérément, puisqu'il ruinerait la signification de son propos : il ne se ferait pas comprendre, il romprait donc la communication avec le public et le

1. Laurence Bloch : « L'humour, c'est bon pour la planète », *Stratégies*, 22 mars 2019.

perdrait, au sens propre comme au figuré. Mais nous ne sommes pas là pour parler de Dieudonné.

Cela dit, sans aller jusque-là, je comprends que certaines saillies humoristiques aient marqué les esprits en laissant croire que tout était permis sous couvert d'estampillage « poilade ». Il me semble avoir été vaccinée contre certains excès en entendant Nicolas Canteloup qualifier François Hollande de « fraise Tagada », Stéphane Guillon surenchérir avec une « tête de cochon de lait », quand Martine Aubry est « un petit pot à tabac », la plus subtile dans cette veine étant Anne Roumanoff parlant de « fromage de Hollande ». C'était déjà une autre époque, dirons-nous…

Selon Alain Vaillant, « c'est intéressant que Charline Vanhoenacker, Guillermo Guiz, Alex Vizorek soient belges. Après l'affaire Stéphane Guillon, soit on supprimait l'humour politique, soit on faisait comme Montesquieu avec les *Lettres persanes*, on prenait un regard étranger, on "exterritorialise" l'humour. C'est un secteur où il n'y a presque pas de concurrence à l'étranger[1] ».

En revanche, ceux qui sont coutumiers de l'outrance au premier dégré, ce sont les hommes politiques, certains éditorialistes et parfois même les philosophes. Ceux qui manient la surenchère pour se faire entendre plus fort que les autres, puis qui voient la poutre dans l'œil du comique qui n'a fait que s'emparer de leurs propos. À ce jeu-là, il

1. *Le Figaro* du 6 février 2019, *art. cit.*

en va de la rigolade comme du tennis : quand la balle de l'envoyeur est puissante, il n'y a qu'à placer le tamis de la raquette au bon endroit pour la renvoyer tout aussi puissamment et sans effort. C'est ainsi que, lorsque Emmanuel Macron a affirmé qu'il suffisait de traverser la rue pour trouver du travail, il a alimenté le moulin à vannes pendant des mois. Michel Onfray ou Alain Finkielkraut sont également coutumiers du fait, nous y reviendrons.

Les très rares fois où j'ai eu à défendre une blague dans le bureau de la direction, ce n'était souvent pas la mienne, mais celle d'un membre de la troupe de « Par Jupiter ! », que je produis et que j'anime (une chanson de Frédéric Fromet qui étrille la religion catholique ou une blague sur Alain Finkielkraut qui se mue instantanément en martyr à travers une tribune dans *Le Figaro*). Dans l'écrasante majorité des cas, le texte que l'on a à défendre ou à expliciter respecte à la lettre le principe de l'humour politique : inverser symboliquement le rapport de force et désacraliser. Mais c'est un principe qu'il faut régulièrement rappeler. Nous devons aussi souvent repréciser que c'est une erreur de la personne visée qui nous sert de levier. Car l'humour politique s'en prend essentiellement à celui qui a commis une faute. Selon l'un des rares philosophes à avoir pensé l'humour, Jean-François Lyotard, « l'humour fragilise les discours dominants qui multiplient les torts politiques [...], il freine les tendances autoritaires[1] ».

1. Julie Dufort et Lawrence Olivier (dir.), *Humour et politique*, *op. cit.*, p. 273.

Il y a peu matière à rire d'un élu qui n'a pas de casserole, et celui-là commence tout juste à m'intéresser quand il commet des erreurs de communication. Heureusement pour les satiristes, ils sont une écrasante majorité à cumuler les deux.

Le « bullshit » est aussi une pratique très courante chez les politiques, que la satire ne laisse pas passer. Le bullshit se distingue du pur mensonge en ce que « le mensonge est une mauvaise représentation volontaire de la vérité. [...] Le bullshiter se fout de dire la vérité ou non : il ne s'intéresse qu'aux effets/impressions produits dans l'esprit des gens auxquels il s'adresse dans son discours. Il est engagé dans une entreprise de manipulation de l'opinion, plutôt que dans la tâche de chercher à rapporter les faits[1] ».

Laurent Wauquiez a popularisé ce terme lorsqu'il a été enregistré en train de demander à des étudiants d'éteindre leur portable pendant sa conférence, « sinon, ce que je vais vous sortir sera juste le bullshit que je peux sortir sur un plateau médiatique ».

La pratique récurrente du bullshit chez les politiques relève d'une forme de cynisme sophistiqué, mais c'est toutefois aux humoristes qu'on reproche d'être cyniques, au point d'alimenter le populisme. Nous ne faisons pourtant qu'incarner l'irritation devant ce procédé malhonnête qui favorise autrement plus le populisme que nos petites blagues. L'humoriste que l'on prend parfois à tort

1. *Ibid.*, p. 148.

pour un moraliste est simplement très attaché à l'honnêteté politique, et plus il la surveille, plus il a matière à brocarder.

Lors de la rentrée scolaire 2021, le ministre de l'Éducation, Jean-Michel Blanquer, prétend à la télévision que les ventes d'écrans plats progressent en septembre grâce à l'allocation de rentrée scolaire :

> Si à chaque rentrée vous achetez une nouvelle télé, à la fin de la scolarité, chez vous, c'est un showroom de chez Darty. Il y a des écrans partout, jusque dans les toilettes : « Oui, ça, c'est grâce au petit dernier qui a redoublé la quatrième… » Vous vous rendez compte, si Jean-Mi disait la même chose à propos des entreprises qui reçoivent des aides publiques ? Bon, après, moi, je fais des chroniques d'humour, pas de la science-fiction. Mais nous aussi, on file des impôts au gouvernement, et après on espère qu'ils achètent des lits d'hôpitaux. Mais non, ils claquent le blé dans des lacrymos et des LBD.
>
> Mais attention, Blanquer c'est un peu le Mozart du bullshit : c'est jamais laborieux, il y a une spontanéité. En revanche, les journalistes qui font du fact checking […], quand Blanquer fait une déclaration, ils ne sont pas rentrés : « Eh, Roger, y a Blanquer qui parle ! Commande des pizzas, ça va être long ! »
>
> L'histoire des écrans plats, c'est une rumeur lancée par un député UMP en 2008. Donc, on est à peine rentrés que Jean-Michel commence déjà à copier sur ses voisins. En revanche, faudrait penser à copier sur les bons élèves. Car quels sont les mois où on vend le moins de téléviseurs

en France ? Allez, je ne fais pas traîner le suspens : c'est en août et en septembre. Donc, pour sauver Jean-Mi, la seule solution, c'est de changer la date de la rentrée scolaire, pour que ça colle avec la hausse des ventes. À Noël ou pendant les soldes…

J'ai donc une pensée pour ses conseillers, qui doivent revoir tout le plan com. Désolée, les gars, moi aussi, ça me gonfle quand je dois réécrire ma chronique au dernier moment. De toute façon, Jean-Mi, il n'a pas besoin d'eux : pour préparer ses interviews, il va directement sur Facebook, et c'est parti mon kiki sur les routes du freestyle !

Richard, Gérald et les autres

En huit ans de chroniques, le seul politique à avoir fait un scandale tout de suite à la sortie du studio, c'est Richard Ferrand. Il a été élu président de l'Assemblée nationale un mois plus tôt et, quand Léa Salamé le reçoit, j'emmène Guillaume pour lancer « Les jeunes avec Richard Ferrand ». Le truchement des personnages permet de rappeler de manière carnavalesque et néanmoins cash ses affaires judiciaires en cours. Nous commençons par évoquer son parcours de transfuge du PS vers LREM :

— D'abord jeune socialiste, à gauche de la gauche, puis à droite de la gauche, puis à gauche de la droite.
— Un parcours comme le tien, ça impose le respect !
— Et on espère que le respect est mutuel.
— Nooon ! Ne lui parle pas de mutuelles !

— Bah quoi ?

— Mais rapport aux mutuelles de Bretagne. Faut pas en parler.

— Oh, ça vaaaa ! Il a pas fait construire une mezzanine aux Mutuelles de…

— Chuuuuuut, je te dis !

— Mais il a juste fait un cadeau à sa femme ! C'est un gentleman, Richard. C'est pour ça qu'on l'aime ! C'est la famille.

— Oui, remarque, il a aussi employé son fils comme assistant parlementaire.

— Parce que la famille, c'est important.

— Voilà : Richard, c'est François Fillon mais en plus malin !

Drama à la sortie du studio : « Je ne mettrai plus les pieds dans cette matinale ! » s'exclame-t-il. Sur le moment, ça fait son petit effet : deux confrères de la rédaction sont chafouins à l'idée de devoir se priver d'interviews avec Richard Ferrand (j'avoue ne pas mesurer la gravité de la chose). Six mois plus tard, l'outragé sera mis en examen pour « prise illégale d'intérêts ». Car si l'on se permet de souligner une faute politique, tout saltimbanques que nous sommes, on étudie un minimum le sujet avant d'écrire et on s'appuie sur les faits pour élaborer nos textes. Par ailleurs, un mois après nos frasques, Ferrand-la-menace était de retour dans la matinale, parce que boycotter plus de deux millions d'auditeurs à cause de deux petits plaisantins, franchement, Riri, ça ne vaut pas le coup.

Son problème, à Richard, c'est qu'il prend nos blagues au premier degré. Pendant la campagne présidentielle de 2017, il avait profité d'une invitation dans le 7/9 pour affirmer le plus sérieusement du monde : « Il n'y a pas d'éléments de langage chez Emmanuel Macron, contrairement à ce que disent vos humoristes. » Le lendemain, Guillaume et moi étions venus présenter nos excuses à l'antenne pour avoir comparé le candidat Macron à une pizza surgelée. S'il avait voulu être plus précis, Ferrand aurait pu déclarer : « Contrairement à ce que disent vos humoristes, Macron n'est pas une pizza surgelée. »

Et puis il y a le dossier Gérald Darmanin, une saga en plusieurs épisodes dont le plus tendu date du 6 décembre 2018. Guillaume Meurice et moi avons enfilé la chemise blanche et la cravate de l'agence Win-Win, entreprise de notre invention, spécialisée dans la communication politique et qui prodigue régulièrement et gratuitement ses services à l'invité de la matinale. Gérald Darmanin, alors ministre de l'Action et des Comptes publics, est pressenti par la presse pour succéder au Premier ministre Édouard Philippe qui donne des signes de fatigue en pleine crise des gilets jaunes. Le billet est construit de façon à faire entendre à Darmanin qu'il doit foncer pour obtenir ce poste, en dépit de deux obstacles : la somme des propos hostiles qu'il a tenus en tant que porte-parole du candidat Sarkozy envers le candidat Macron et les affaires judiciaires dont il a momentanément été blanchi.

— En 2017, tu disais encore de Macron : « Son élection précipitera la France dans l'instabilité institutionnelle et conduira à l'éclatement de notre vie politique. »
— T'es un visionnaire, mon Gérald !
— Non, mais regarde, il fait son gêné…
— Qu'est-ce qui te tracasse, Gégé ? T'as des casseroles à nous avouer ?
— Mais non : la plainte pour viol…
— Non-lieu !
— L'abus de faiblesse ?
— Classé sans suite !
— Ben c'est bon : fonce, mon gars !

C'est ainsi que s'achevait ce billet, irréprochable factuellement. Le point de crispation tenait dans le rappel d'accusations récentes, dont nous précisions pourtant qu'elles avaient fait l'objet d'un non-lieu et d'un classement sans suite. C'est même sur la fermeture (momentanée) des dossiers que nous avons conclu notre propos.

La seule question qui vaille face à un billet qui fait polémique, c'est : quelle était son intention ? Une intention humoristique. Il nous paraissait amusant de mettre en lumière un fait relayé par quelques articles de presse : l'ambition de Gérald Darmanin pour Matignon. Après une interview de dix minutes avec Léa Salamé, consacrée à l'actualité sociale et économique, l'idée de notre texte était de révéler un non-dit : l'invité avait d'autres préoccupations, plus personnelles et carriéristes, que celles qu'il venait de faire entendre lors de l'entretien.

Le jeune ministre incarnait un magnifique exemple du principal travers du pouvoir, l'arrivisme, qu'il cumulait avec des affaires judiciaires encore fraîches, sans quoi nous ne les aurions pas énoncées. Une pure moquerie destinée à renvoyer à un ambitieux ses fautes politiques les plus récentes. S'il y a une règle de bonne conduite dans cet exercice, elle est liée à la place que tiennent encore les faits dans la mémoire collective : rappeler des fautes plus anciennes trahirait une forme d'agressivité, alors qu'évoquer des accusations ou des soupçons que tout le monde a encore en tête au moment d'écouter l'interview semble plus acceptable. Si les vieilles casseroles de Darmanin intéressent le lecteur, car je le sais facétieux, je le renvoie à ses chères recherches.

Le jour de cette chronique, j'ai essuyé un rappel à l'ordre lors d'une « discussion éditoriale » avec ma direction – c'est le terme choisi par Laurence Bloch pour contourner le terme « convocation », qui sous-entendrait une obligation de se rendre dans son bureau sous peine de sanction. N'ayant jamais tenté de me soustraire à la discussion, j'ignore si un refus peut entraîner sanction, et je valide donc l'expression, d'autant que ces « discussions éditoriales » se sont toujours déroulées cordialement, sous la forme d'un échange de points de vue. J'y suis ouverte, ce qui paraît-il change de l'un de mes prédécesseurs qui, à chaque « discussion éditoriale », appelait l'AFP pour déclarer qu'il avait atterri chez le dirlo.

Bien des métiers donnent lieu à ce type de rendez-vous, mais celui d'humoriste présente un avantage, si toutefois une invitation à visiter le bureau de la direction paraît injustifiée : l'astuce est d'en remettre une petite couche à la première occasion. Si on n'abuse pas de ce procédé, il prémunit contre une série de convocations intempestives. À moins de se faire lourder sur-le-champ, ce qui a le mérite de clarifier la situation : l'antenne sur laquelle vous exercez profite des retombées lucratives de l'humour sans se soucier de défendre la liberté d'expression, et vous faites bien de vous barrer.

Vu le mécontentement affiché par le ministre Darmanin tout au long du billet qui nous occupe, le fait de devoir m'expliquer ne m'a pas étonnée. Après tout, à blaguer sans péril, on rigole sans gloire. L'échange avec Laurence Bloch a eu le mérite de m'éclairer sur un point que j'avais semble-t-il mal mesuré : l'importance du timing dans l'envoi de la vanne. Le jour de cette chronique, la crise des gilets jaunes avait atteint son apogée : quatre jours plus tôt, l'Arc de triomphe avait été tagué et dans les beaux quartiers on ramassait des bris de vitrines dans la fumée d'une trottinette électrique incendiée. Le gouvernement jouait la partition du « nous ou le chaos » et Darmanin en était le soliste dans la matinale en question.

Renvoyer ses casseroles judiciaires à la figure de celui qui venait de jouer au protecteur de la nation, voilà ce que l'on jugeait malvenu, car l'heure était grave. S'il avait été ministre de l'Intérieur, sans doute n'aurions-nous pas évoqué ce dossier, car, vu le contexte, une autre matière se serait imposée. Mais, à l'époque, l'intéressé était encore assis sur un strapontin à Bercy. Par ailleurs, Guillaume et moi-même étant imperméables à cette stratégie politique du « nous ou le chaos » et aux hyperboles anxiogènes, nous avions négligé le contexte social devant un ministre des Comptes publics. En revanche, nous sommes conscients que le contexte modifie la perception d'un texte humoristique et fait bouger momentanément le curseur de son acceptabilité sociale. La bourgeoisie et les cadres, flippés, ont donc trouvé le billet déplacé. D'autres, plus loin des beaux quartiers, l'ont vécu comme un exutoire à leur colère contre le gouvernement. On tient toujours trop peu compte de la bourgeoisie parisienne flippée quand on s'amuse à inverser les jeux de domination.

Cette chronique a longtemps été reprise dans des émissions de télévision pour illustrer « les limites de l'humour » qui, selon certains, auraient été franchies – tandis que ces mêmes émissions n'interrogeaient pas le fait que Gérald Darmanin ait pu lui-même franchir d'autres limites, de celles qui provoquent une enquête judiciaire et des blagues d'humoristes. Aujourd'hui, la perception de ce texte s'est complètement inversée, puisqu'il a beaucoup été repartagé sur les réseaux au moment de la promotion de l'intéressé au ministère de l'Intérieur. Car, entre-temps, il était à nouveau inquiété par la justice. Toujours se méfier du timing, donc, de quelque côté que l'on soit. Car, comme dans le cas de Richard Ferrand, on a vu souvent rejaillir le feu d'un ancien dossier qu'on croyait fermé, relégitimant soudain une blague qui faisait polémique. Et si vous pensez que je cumule les ennuis avec des membres de LREM, je vous rappellerai que Ferrand vient du PS et Darmanin, de LR : ce sont les retournements de veste qui font la magie de l'équité politique.

La posture solennelle adoptée par le ministre des Comptes publics pendant le billet polémique tranche avec le naturel dont il faisait preuve lorsqu'il était député-maire. En mai 2015, je me trouve face à Gérald Darmanin au lendemain de la publication d'une tribune de quarante femmes journalistes qui dénoncent le sexisme en politique. Puisqu'il est question, sans le nommer, de « l'étoile montante de l'UMP », je tente à travers mon texte de distiller un petit malaise, toutefois incomparable à celui qu'installe le sexisme. Après une longue introduction disant qu'en gros « j'ai raté ma carrière de journaliste politique : je n'ai jamais eu de main au cul », je taquine l'édile UMP avec un sourire assez large pour faire passer ces lignes pour de la mascarade :

> Vous n'êtes pas concerné par l'article, vous ? Le fameux « Pas de dîner, pas d'info », rassurez-moi, c'est pas vous ? Parce que les signataires de la tribune, il se trouve que ce sont mes anciennes collègues de boulot, je pourrais être au courant… Je « pourrais » : une info à mettre au conditionnel.

Ce à quoi il répondit, penaud : « Je suis plutôt du matin » et « je n'ai pas été nommé ». Je n'ai pas profité de cette attitude défensive pour aller plus avant dans l'investigation. Si l'humour est un bien piètre allié pour mener l'enquête, c'est que ce n'est pas son rôle. En revanche, dans l'enquête au sens de « reportage », je ne dénie pas que l'ironie soit un outil efficace – je qualifie souvent Guillaume Meurice de « comique d'investigation ».

Malgré le gel des ennuis judiciaires du ministre au moment où je rédige ces pages, tant qu'il restera une tête de gondole du #MeToo politique, il sera l'objet de railleries. Le running gag Darmanin s'inscrit dans une longue liste de personnages politiques soupçonnés de harcèlement sexuel, violences sexuelles ou viol, ou condamnés pour ces mêmes faits, avec pour saint patron DSK. Un parcours classique en politique : tu fais Sciences-Po, tu deviens maire, député puis ministre, tu accèdes à l'élite de la République, et puis tu te retrouves avec les problèmes d'un videur de bar à strip-tease. Résultat, les mecs passent plus de temps à défendre leur poste qu'à l'occuper.

C'est là qu'entre en scène une autre source intarissable de rigolade : l'erreur de communication qui mobilise immédiatement une armée de communicants sortant les rames. En février 2018, Gérald Darmanin (je vous avais prévenus, c'est un feuilleton) tente de sortir les pieds des soupçons de harcèlement et d'abus de faiblesse dans lesquels il est embourbé. Devant Jean-Jacques Bourdin, sur RMC-BFM TV, il assure « les yeux dans les yeux » n'avoir

« jamais abusé d'aucune femme » ni de son « pouvoir ». Chacun aura noté l'utilisation malheureuse de l'expression « les yeux dans les yeux », bannie de la communication politique depuis qu'elle a été utilisée par Jérôme Cahuzac pour nier son exil fiscal et qu'il a sans doute prononcée par un réflexe malheureux. Résultat, si Darmanin avait opté pour l'expression « les yeux dans le slip », ça serait passé plus inaperçu.

Les conseillers en communication sont un peu comme les militaires de l'opération Sentinelle. Tandis que ces derniers sont entraînés à ramper en forêt pour finir par surveiller les couloirs du métro, les premiers sont entraînés à affronter les grosses affaires politico-financières pour finir par gérer les histoires de cul de leur ministre. C'est limite si les communicants ne sont pas plus heureux quand ils doivent faire face à une affaire de corruption. Ils se disent :

— Enfin, un sujet que je maîtrise, détournement de fonds ! Véro, sors le champagne !

— Ah, génial ! Le mien aussi est suspecté de malversations, le bol que j'ai ! Je vais pouvoir partir en week-end !

Secrets de fabrication

L'humour pratiqué face à un invité implique des contraintes d'écriture spécifiques. J'ai appris à y aller *crescendo* pour installer le rire avant le mordant, envoyer les fleurs puis le pot, *in cauda venenum*. Si l'invité se braque dès le début, personne dans le studio n'osera rire, suivant la fameuse formule : « Si le roi ne rit pas, personne ne rit. » Ici, l'invité est le roi, et s'il fait la tronche mes confrères en studio me lâchent en rase campagne tandis que je dois achever mon petit numéro dans le silence le plus total. Le jour où j'ai compris cela, j'ai cessé de le déplorer, et j'ai changé ma manière d'écrire pour éviter une gêne trop palpable (même si j'avoue que créer le malaise ne me déplaît pas toujours ; j'estime qu'il fait partie du jeu, puisque l'humour politique est le moins fédérateur).

À la télévision, un chauffeur de salle signale au public quand faire la claque, et la moindre vanne sera applaudie, tandis que la matinale de France Inter s'est toujours singularisée par la discrétion de ses rires, notamment par rapport aux radios concurrentes. Il faut donc aller chercher la réaction de ceux qui vous entourent au micro, des personnes qui n'ont pas choisi de venir vous écouter en spectacle, mais des journalistes parfois tendus à la mi-temps d'une tranche horaire considérée comme le « prime time de la radio ». Autant dire qu'ils ont l'impression de jouer leur vie chaque matin. J'espère d'ailleurs secrètement leur rappeler par ma présence que si on peut plaisanter, c'est qu'on est bien à la radio et pas dans une tranchée sur le front de l'Est.

Le rire contenu de la matinale se distingue du rire sonore de notre émission « Par Jupiter ! », ce qui provoque depuis toujours des réactions courroucées de la part de certains auditeurs pour qui on rit trop. Je soupçonne un vieux fond judéo-chrétien dans le rire discret du 7/9 : « Dès les premiers pas de la religion chrétienne en tant que religion d'État, le bon grain est d'emblée séparé de l'ivraie comme le bon rire l'est du mauvais. Le mauvais rire, c'est le rire de raillerie, ou le rire bruyant et vulgaire. Le bon rire, c'est le rire naturel, révélateur d'une joie simple. Le rire bruyant appartient au monde d'en bas. Le rire de joie, plus discret et donc plus proche du sourire, vient d'en haut et se révèle par sa pureté comme une forme d'expression du divin[1]. » La religion (le diable se marre et Jésus fait la gueule) crée un schisme entre le rire de ventre et le rire de tête, un fossé qui sépare le rire paysan et le rire urbain, sorte de schisme entre Les Bodin's et Gaspard Proust. À la Renaissance, c'est Rabelais qui réconcilie le corps et l'esprit « dans un rire burlesque qui reste populaire tout en parlant néanmoins aux élites[2] ».

Lorsque je veux m'assurer un éclat de rire sonore dans la matinale pour alléger un billet, j'ai recours à trois techniques : placer le mot « cul », jouer de mon accent belge (« fuite » prononcé « f*ou*ite ») ou inclure le nom des personnes présentes en studio. Donc tout sauf une vanne qui parle à l'intelligence, mais plutôt un rire de bas-ventre ou une vanne flattant l'ego – « Parlez de moi et j'éclate

1. Bruno Humbeeck, *Leçons d'humour. Rire pour rebondir, l'humour comme instrument du vivre ensemble*, Éditions Mols, 2017.

2. *Ibid.*

de rire[1] ». Un billet qui ne parle que de la matinale ou de l'antenne de France Inter garantit un rire sonore continu, mais il a pour revers l'entre-soi, je ne l'utilise donc qu'à dose homéopathique.

L'ironie sollicite plusieurs niveaux d'interprétation, elle énonce le contraire du message qui veut être délivré, elle formule le non-dit en dégageant un sous-texte. Les rires en studio permettent donc d'indiquer les moments de blagues pour ceux des auditeurs qui n'auraient pas perçu ce sous-texte, et ils disent en creux : « Oui, on peut en rire. » Lorsque je découvre dans *L'Obs* qu'il existe une branche juive au RN, et que je pose la question : « Que revendiquent ces gens au sein du RN ? Est-ce qu'ils scandent : Oui, je suis un détail de l'histoire !? », le rire de Léa Salamé ou de Nicolas Demorand qui font autorité à l'antenne fait passer la vanne plus facilement, car elle est comme cautionnée. Ce n'est pas indispensable, mais ça aide.

À force de voir défiler nos dirigeants dans le siège face au mien, j'ai repéré ceux avec lesquels je peux installer un jeu dont ils s'amuseront presque autant que moi, un jeu fédérateur : la fausse complicité. Puisque je suis cataloguée comme « humoriste de gauche », j'installe ce jeu avec des représentants de la droite qui, étant jugés par nos programmateurs les meilleurs orateurs de leur camp, sont

1. Ces gens portent un nom, les « gélotophiles », qui ont plaisir à être l'objet du rire des autres, grâce, selon Bruno Humbeeck, à « une estime de soi suffisamment stable ».

invités de façon récurrente, comme Bruno Retailleau, sénateur LR et ex-proche de Philippe de Villiers.

Le jeu est d'autant plus amusant lorsque les convictions affichées par la femme ou l'homme politique sont diamétralement opposées à celles que me prêtent les auditeurs :

> Bruno ! Ça faisait au moins deux semaines qu'on ne vous avait pas vu dans la matinale, je me faisais du souci ! On va arrêter de se mentir, Bruno. Soit vous avez un crush avec Léa Salamé, soit France Inter roule pour vous. On est clairement en train de lancer Retailleau 2022 ! Si Nicolas ne vous soutient pas ouvertement, ce n'est pas par neutralité journalistique. C'est par pudeur, tout simplement. Ne faites pas vos effarouchés, ça se sent que vous êtes chez vous ici, Bruno. Tenez, comme tous les membres de la matinale, voilà votre mug, avec votre nom dessus : « I love Retailleau ».

Dans cet extrait, je me moque davantage de la matinale qui invite Retailleau plusieurs fois par an que de Retailleau lui-même. Au-delà de la convention humoristique qui consiste à tourner en dérision son employeur, France Inter est devenue en 2019 « la première radio de France ». Le rire politique doit s'employer à renverser cette domination, même sur sa propre antenne.

L'invité étant joueur, je pousse le jeu un peu plus loin à chacune de ses venues, jusqu'à terminer un billet en déboutonnant mon chemisier, laissant apparaître au-dessus de ma poitrine un « Je t'aime Bruno ! ». J'ai donc fini par inventer une idylle entre nous, jouant de la connivence intime, un procédé qui renvoie à la connivence réelle existant en France entre les sphères politiques et médiatiques. Le parangon en étant Bernard Kouchner, ministre des Affaires étrangères, alors que Christine Ockrent présidait l'audiovisuel extérieur de la France, entérinant ce qui fait sans doute partie de « l'exception culturelle française ».

Dans ce cas de figure, j'exploite moins la capacité contestataire de l'humour au profit d'un rire plus fédérateur, puisque si l'invité-roi rit, tout le monde rit. « En cantonnant la moquerie à la sphère privée, [l'humour] tend à dépolitiser le propos, au sens où il détourne l'attention des conséquences collectives de l'action politique[1]. »

C'est donc un renoncement momentané à la contestation, pour varier les formes dans un exercice quotidien qui a parfois besoin d'un moment léger purement rigolard. Il existe néanmoins un travers dans lequel certains peuvent tomber : lorsque « le pouvoir contestataire de l'humour s'efface progressivement au profit d'une relation complémentaire entre les humoristes et la classe politique[2] ». C'est là que commence la connivence réelle, qui trahit une fascination du pouvoir et crée des sympathies empêchant tout mordant.

À titre personnel, je me permets d'utiliser ce procédé

1. Nelly Quemener, *Le Pouvoir de l'humour*, *op. cit.*, p. 76.

2. François L'Yvonnet, cité *in* Julie Dufort et Lawrence Olivier (dir.), *Humour et politique*, *op. cit.*, p. 47.

de la connivence feinte sans craindre la naissance d'une « relation complémentaire », car je conserve depuis mes débuts une barrière étanche entre les politiques et moi. Je ne les croise ni à l'entrée ni à la sortie du studio ; c'est bien simple, je les évite. Étant donné ma relation fictionnelle passionnée avec Bruno Retailleau, c'est avec lui que j'ai eu le plus d'échanges – trois mots – en restant dans mon personnage, donc au second degré, du type : « À ce soir, Bruno, c'est moi qui prépare le dîner. » Il est à ma connaissance le seul cadre dans l'entourage de François Fillon à avoir compris que celui-ci avait plus à gagner en jouant avec le rire politique qu'en le brocardant.

C'est la stratégie qu'avait choisie le candidat à la primaire de la droite pour 2017. À l'issue de mon billet dans « L'émission politique » sur France 2, François Fillon avait déclaré : « J'ai beaucoup de respect pour Charline, je la trouve très drôle. Si j'avais envie de l'écouter, j'irais dans l'un de ses spectacles. Mais je ne suis pas totalement convaincu que ce soit particulièrement approprié de conclure une émission politique de cette manière. » Une façon pour le candidat de se poser en homme « sérieux », et de confirmer le profil de « père la rigueur » qu'il venait de dresser de lui en déclarant à une infirmière du service public : « Vous créez de la dette » (lors de la primaire de la droite, c'est la radicalité qui permet de gagner). Sa réaction à mon billet avait fait ruisseler beaucoup d'encre et *Le Figaro* prétendait même dans un éditorial que j'avais « lancé la dynamique de campagne du candidat Fillon » !

Imagine-t-on le général de Gaulle lancer sa campagne dans la gaudriole ?

Deux mois plus tard, François Fillon était de retour sur le plateau de « L'émission politique », vainqueur de la primaire mais avec plusieurs boulets au pied, dont l'affaire des emplois fictifs de son épouse Penelope et celle des costumes offerts par un pilier de la Françafrique. Contre toute attente, j'ai pourtant retrouvé mon François beaucoup plus détendu de la raie sur le côté, voire un brin joueur, puisqu'il s'est empressé d'intervenir dans ma chronique. Sans doute lui avait-on conseillé cette attitude pour paraître plus rond, à présent qu'il fallait séduire « tous les Français ». J'y vois la patte de Bruno Retailleau, conseiller en poilade, qui fut le dernier soutien du candidat Fillon, tous les autres ayant déserté avant les saints sacrements.

Selon le principe du « on ne tire pas sur une ambulance », je m'étais gardée de sauter à pieds joints pendant trois minutes sur ses ennuis judiciaires, puisque *Le Canard enchaîné* avait déjà fait tout le boulot, mais je concluais mon billet de cette manière :

> Monsieur Fillon, vous aviez émis le souhait de venir me voir en spectacle, mais je n'en ai toujours pas de prévu ; en revanche, je tenais à vous dire que le vôtre, depuis deux mois, est très réussi.

Le rire, c'est la seule chose que nous offrent encore ceux qui nous gouvernent.

Humour militant ?
On se détend

On note depuis quelque temps une technique d'attaque facile chez certains grincheux du paysage médiatique français : les humoristes seraient devenus des idéologues. C'est trop d'honneur. De nouveaux qualificatifs viennent enrichir notre CV : « humoristes de gauche », « humoristes militants », « propagandistes masqués », et le petit essai que vous tenez entre les mains sera très vite rebaptisé le « Petit Livre rouge de l'humour ».

Le militant et l'humoriste, frères ennemis

Pourtant, nous entendons souvent dire que « le militant n'a pas d'humour ». Du moins le perd-il dès que sa cause est la cible du rire, car sa cause est sacrée (c'est d'ailleurs pareil avec les fans : leur idole est sacrée). Nous reprochons aux féministes de manquer d'autodérision, les écologistes tiennent un discours catastrophiste qui n'incite pas à la rigolade et, à propos d'une blague sur la gauche qui aurait pour objet le PS, l'islamo-gauchiste aura vite fait de vous rappeler que le PS, ce n'est pas la gauche. Tous omettent que la blague schématise le réel. Chercher la précision des faits derrière une blague, c'est peine perdue. L'écriture humoristique tord les faits dans tous les sens, alors je n'aurai qu'un conseil : détendez-vous la nouille.

Selon le dessinateur de presse Loïc Faujour, « l'humour et le militantisme ne vont pas ensemble. Tous les militants ont un humour de chapelle. Dès qu'on transgresse leur ligne éditoriale, ça ne va plus. Je préfère un bon dessin drôle même s'il ne correspond pas à mes idées politiques plutôt qu'un dessin proche de mes opinions mais qui soit moraliste[1] ». Beaucoup de militants sont tellement investis qu'il leur est difficile de prendre du recul, la condition du second degré. Je doute donc qu'un humoriste qui militerait activement pour une cause soit capable d'en parler pour faire rire avant tout.

Certes, l'humour militant existe, ne serait-ce que sur les tee-shirts ou les pancartes dans les manifs. Il a « comme principal objectif de contribuer à un mouvement et un changement politiques. De ce fait, on considérera l'humour politique comme un acte militant en présence de deux critères […] : "l'activité politique", c'est-à-dire l'exercice du pouvoir au sein d'un groupement politique, et "l'activité politiquement orientée" qui vise à influencer

1. Interview franceinfotv.fr publiée le 10 février 2012.

l'activité du gouvernement[1] ». Mais, à moins que France Inter soit un « groupement politique » ou que ses fonctionnaires de la rigolade aient pour principal objectif d'influencer l'activité du gouvernement, les humoristes du service public ne sont pas des « humoristes militants ». Pour ma part, ayant la nationalité belge, je ne vote pas en France, je ne dispose donc pas du levier d'influence le plus concret.

En France, on a tôt fait d'être qualifié de « militant ». Au 20 heures de France 2, le 27 décembre 2021, un reportage sur les meubles de seconde main chez IKEA prétend qu'« acheter vintage, c'est un acte militant », ce qui fait du géant suédois champion de la déforestation et de l'exil fiscal une « entreprise engagée ». À ce rythme-là, l'automobiliste qui fait le plein chez Total est « militant » si le pétrolier offre une touillette en bambou tous les dix pleins de Super 98.

Plusieurs révolutions étant en cours (féministe et climatique, essentiellement) et puisque toute révolution débute par une phase radicale, il peut y avoir un abaissement du seuil d'acceptabilité sociale du rire. C'est le fameux « On ne peut plus rien rire ». En réalité, l'acceptation sociale des blagues évolue sans cesse à travers les époques, mais parfois aussi d'un jour à l'autre. Le rire vaut acceptation, l'absence de rire peut s'interpréter de différentes façons, et une masse de réactions offensées peut valoir condamnation.

1. Julie Dufort et Lawrence Olivier (dir.), *Humour et politique, op. cit.*, p. 46.

« Le rire a un sens collectif et en dit plus long sur le public que sur l'humoriste lui-même, explique Nelly Quemener qui a étudié l'évolution du rire politique durant les dernières décennies. La liberté d'expression totale pour les humoristes n'existe pas, car il y a, selon les époques et les décennies, des limites à ne pas franchir et une configuration de la scène différente. Dans les années 1980, on s'autorisait à rire du sketch "L'Africain" de Michel Leeb parce que le contexte n'était pas le même, il y avait moins de garde-fous sur la question du racisme, alors qu'aujourd'hui ce serait très problématique. Le fameux sketch de Desproges débutant par "On me dit que des Juifs se sont glissés dans la salle" était quant à lui possible, car le comédien développait une approche scénique qui permettait une forme de distance avec les propos qu'il tenait sur scène. Le rire qu'un humoriste provoque rend compte des réactions autorisées, dans un dispositif donné, à tel ou tel propos[1]. »

Le sel du métier

Où se trouve la frontière entre ce qui est admissible et ce qui ne l'est pas (pour le moment) ? L'intolérable est plus clairement identifiable puisque défini par la loi (diffamation, propos racistes, etc.). Toute la difficulté

1. Interview kaizen-magazine.com, 31 mars 2019.

est de tenir compte de cette frontière de l'admissibilité, floue et mouvante, pour produire du rire plutôt que de l'offense. Pour ne surtout pas céder à cette pression et à l'autocensure, il est bon de se rappeler que, quoi qu'on dise, il y aura toujours des gens offensés. Certain·e·s le seront plus rapidement que d'autres, notamment les catégories de citoyen·ne·s qui s'en prennent constamment plein la figure, comme les féministes actuelles que l'on traite parfois de « féminazies » – la terreur des caricaturistes qui dessinent des pingouins.

Si on écoute Xavier Gorce, pour un dessin[1] paru dans *Le Monde* et rapidement retiré face au tollé, il aurait fini sacrifié sur l'autel de l'indignation généralisée des réseaux sociaux, bref, comme une sorcière sur le bûcher. Il en a tiré une réflexion publiée dans la collection « Tracts » de Gallimard, que je résumerai par ces mots : « Ouin ouin ouin, on ne peut plus rien dire. » Étant donné que j'aime une partie de son œuvre, je dirais qu'il faut savoir séparer l'homme du pingouin, et je trouve déplorable que *Le Monde* ait retiré ce dessin, car il n'est pas arrivé tout seul sur ses petites jambes dans ces pages : des responsables éditoriaux avaient décidé de le publier, ne le jugeant donc pas « inacceptable socialement » avant que

1. À la suite de la publication du livre de Camille Kouchner, *La Familia grande*, où elle révèle que son frère a été abusé par leur beau-père, *Le Monde* a publié un dessin de Xavier Gorce dans lequel un petit pingouin dit à un autre, plus grand : « Si j'ai été abusée par le demi-frère adoptif de la compagne de mon père transgenre devenu ma mère, est-ce un inceste ? »

Twitter ruisselle d'indignation. Le dessin était à côté de la plaque, ça arrive. Ça arrive même régulièrement dans le cas du dessin de presse qui cherche la provoc', car, comme disait Cavanna, « un bon dessin de presse, c'est un coup de poing dans la gueule ». Si la provoc' trouve une utilité sociale en épousant des combats qui cherchent à faire évoluer positivement la société, le dessin sera sans doute plus facilement compris et accepté.

Dans cette équation entre liberté d'expression et acceptabilité sociale, bien malin celui qui prétendrait avoir la solution. Je pense même que c'est le sel du métier : chercher l'équilibre et le ton juste à l'instant T. Dans mes tentatives pas toujours réussies de faire rire avec des sujets en pleine (r)évolution, j'opte régulièrement pour une fiction qui inverse les situations. Ici, face à Cécile Duflot venue témoigner du harcèlement sexuel dont elle a été victime :

> Nous aussi, on voudrait pouvoir faire peur aux hommes, mais quand on les menace en disant : « Je vais venir en bas de chez toi », ils prennent ça pour un rencard. Les mecs, à la place d'appeler les flics, ils partent se recoiffer, ils se mettent du spray pour l'haleine et de l'after-shave. Je crois qu'il y a un problème de clarté dans notre message. Récemment, j'ai interpellé un présentateur télé sur Twitter en lui disant : « Je vais venir m'occuper de tes gosses », il a cru que je postulais comme baby-sitter.

Pour percevoir la nature humoristique de ce texte, il faut un prérequis : savoir où commence le harcèlement sexuel. Est-ce par exemple à la portée d'Élisabeth Lévy, qui réclame le droit à se faire mettre une main au cul ? Car, dans le fond :

> Qui n'est pas nostalgique de cette belle époque où les hommes nous foutaient un bon coup de massue sur le crâne pour nous traîner dans la caverne ?

Quant à la lutte contre le changement climatique, l'effondrement s'accommode davantage d'un discours catastrophiste – « on va tous crever » – que d'un discours rigolard – « dansons sur le volcan ». Pourtant, les vertus rassurantes et consolatrices du rire pourraient apaiser l'éco-anxiété. Par ailleurs, puisque le rire rappelle la fragilité de l'homme face au milieu qui l'entoure, il pourrait servir de levier au sursaut des consciences.

Rien que pour dénoncer l'inaction de nos dirigeants contre le réchauffement climatique et leur incapacité à mesurer les enjeux, il y a de quoi s'en donner à cœur joie quotidiennement. Par exemple, en février 2020, Emmanuel Macron passe la nuit dans un refuge du Mont-Blanc pour marquer son « tournant vert ». Le lendemain, il part visiter la mer de Glace qui se trouve dans un état désastreux :

> Alors il faut l'imaginer ce matin, au bord de la mer de Glace, avec le responsable du site qui va lui dire :
>
> — Bon, ben alors, c'est tout ça là : ça va de là à là, et de là-bas jusqu'à tout là-bas… Mais c'est tout fondu

quoi. Voilà, voilà… Donc, m'sieur le président, qu'est-ce qu'on fait ?

— Mmmmm, je vois… Vous voulez dire que même pour faire de la luge c'est râpé, c'est ça ? Je ne comprends pas, pourtant on a interdit les touillettes en plastique !

Alors, entre autres solutions, il va certainement proposer la mise en place d'un numéro vert « SOS Mont-Blanc » : si vous appelez pour un sac plastique qui traîne, tapez 1 ; si c'est pour une marmotte en danger, tapez 2 ; si c'est pour nous dire qu'il n'y a pas de neige, on est déjà au courant.

Ensuite, il va se dire que c'est son « tournant vert », qu'il faut plus d'audace : « Vous savez, moi, je suis sûr que si je traverse le massif, je vous en trouve, de la neige ! Alors ce qu'on va faire, c'est qu'on va larguer de la neige par hélicoptère, on ajoute cent cinquante canons à neige et six cents congélateurs Picard qu'on laisse ouverts, alimentés par des groupes électrogènes actionnés par des livreurs Deliveroo. Il faut voir le réchauffement climatique comme une opportunité. Allez, on lance un appel d'offres, on privatise la mer de Glace, avec un peu de chance c'est Vinci qui remporte le marché et on fait un parking. « MAKE ZE MER DE GLACE GREAT AGAIN ! »

Partager la planète que nous épuisons crée des tensions et, partout où il y a des tensions, l'humour a un rôle à jouer.

Le militant n'a pas d'humour mais l'humour militant existe ? Ça n'a rien de paradoxal, car l'activiste a recours à la dérision lorsqu'elle peut servir sa cause, la promouvoir. Dans la publicité, l'humour fait vendre, et dans l'associatif il rend le message plus attrayant. Selon le collectif des Désobéissants, « le rire attire sur l'activiste la sympathie et la bienveillance de l'opinion publique, qui seront précieuses dans le rapport de force, tout particulièrement en cas de répression[1] ». Ils citent le théoricien américain de l'action directe non violente Saul Alinsky : « Le sens de l'humour permet de garder une juste perspective des choses et de prendre la réalité pour ce qu'elle est, une pincée de poussière qui brûle en l'espace d'une seconde. » Dit comme ça, il y a en effet de quoi relativiser l'effondrement...

Au-delà des slogans, l'action elle-même peut être de nature humoristique. Dans ce cas, on parle de « clown-activisme » ou d'« activisme fun » ; cette forme de militantisme relève souvent de la désobéissance civile et donne un caractère si inattendu à la protestation que les autorités ne savent pas comment réagir. Le penseur Yves Citton cite également Alinsky en exemple : « Au lieu de monter un piquet de grève devant les usines Kodak, qui exploitent une communauté opprimée, il achète des billets pour un concert de la Philharmonie de Rochester (ostensiblement sponsorisée par Kodak), et il invite quelques dizaines d'activistes à manger d'abondants plats de haricots rouges avant d'aller s'asseoir dans leur siège, où les émissions en provenance de leur bas-ventre concurrenceront bruyamment celles des musiciens[2]. » Le penseur suisse évoque

1. Xavier Renou, *Désobéir par le rire*, Le Passager clandestin, 2010, p. 12.
2. Cité *in* Yves Citton, *Contre-courants politiques*, Fayard, 2018.

un « terrorisme doux et hilare », qui serait l'arme d'une « alter-radicalité qui n'aurait rien d'intégriste ».

Si l'« humour de propagande » existe, j'imagine qu'il désigne un clip électoral rigolard ou une campagne gouvernementale de sensibilisation menée avec dérision (il n'est pas interdit de rêver). Mais lorsque ces termes, « humour de propagande », sont employés, c'est plutôt pour critiquer le service public, soupçonné d'être à la botte du pouvoir à cause du mode de nomination de la présidence par le CSA, lui-même nommé par l'Élysée.

Quant à l'« humour idéologique », la dernière invention des ultraconservateurs, je suppute qu'il s'agit d'un synonyme d'« humour militant », avec une connotation plus intellectuelle, ce qui donnerait ses lettres de noblesse à un divertissement appartenant à la sous-culture populaire. Et ce serait peine perdue, puisque l'humour conchie la noblesse.

Tous ces qualificatifs sont destinés à nous faire croire que des humoristes nourrissent l'ambition secrète de conduire les chars soviétiques sur les Champs-Élysées et d'y dresser une statue de Lénine en quinoa. Avons-nous autant d'influence ? Je me range à l'avis de l'humoriste américain Stephen Colbert. Dans son « Late Show » sur CBS, il mêle humour et information, et il a expliqué son métier dans un livre, ou comme ici à l'occasion d'une conférence : « Je suis humoriste [...]. Si quelqu'un dit qu'il est influencé par ce que nous disons ou ce que nous faisons, alors oui, nous sommes influents, mais ce n'est pas dans nos intentions. En matière d'impact, je ne pense pas que la comédie ou la satire peuvent avoir d'impact à long terme parce que les choses que nous disons ou faisons ne sont pas codifiées dans la loi[1]. »

Personnellement, je n'écris jamais en me disant : « Je vais influencer les gens pour qu'ils deviennent moins défiants envers l'immigration ou qu'ils boycottent Amazon. » Je sais que je prêche un tiers de convaincus, qu'un autre tiers va râler en m'écoutant et que le dernier tiers s'en bat les couettes. Nelly Quemener semble déplorer que les billets quotidiens d'humour soient une « contestation rythmée par l'agenda politique, qui vient nourrir les débats existants plutôt que d'en désigner les angles morts[2] ». Pourtant, je cherche parfois tout simplement à mettre en lumière des sujets peu médiatisés, qui ne font l'objet que d'un article ou d'un reportage dans les journaux, pour faire prendre conscience qu'on s'enfonce dans un choix de société qui me semble absurde. Comme dans cet exemple : des étudiants britanniques qui sous-traitent l'écriture de leurs dissertations à des jeunes diplômés kenyans.

> C'est l'ubérisation de la dissertation, une forme très aboutie de Deliveroo, sauf qu'à la place d'un burger-frites, tu te fais livrer une thèse sur l'évolution de l'empirisme

1. Cité *in* Julie Dufort et Lawrence Olivier (dir.), *Humour et politique, op. cit.*, p. 182.
2. Nelly Quemener, *Le Pouvoir de l'humour, op. cit.*, p. 15.

> moderne dans l'Angleterre du XVIIe siècle. Des jeunes diplômés kenyans sous-traitent les dissertes de jeunes Occidentaux. Quelle leçon! Ces étrangers qui ont la décence de ne pas venir chez nous pour nous piquer nos jobs et préfèrent rester chez eux pour nous aider à réussir nos études.

Est-ce que mon billet peut déclencher chez un auditeur un début d'engagement militant? Ça ne dépend pas de moi et ne fait pas de moi une activiste. En revanche, quand une tripotée de racistes lancent une cagnotte Leetchi pour aller bloquer le départ du bateau de SOS Méditerranée qui sauve les réfugiés en mer, j'écris mon billet avec l'intention de réconforter ceux qui ressentent de la honte pour notre humanité (ou ce qu'il en reste), et mon texte est dans ce cas destiné à partager ce désarroi avec eux – «vous n'êtes pas seuls» –, tout en jouant de l'exutoire cathartique grâce à l'ironie :

> Et là je dis COCORICO! Car c'est à l'initiative d'un groupuscule français : Génération identitaire. Alors peut-être que vos tennismen ne sont pas au top, mais vos racistes, ils cartonnent! Alors ça, «tu ne noieras pas ton prochain», c'est vrai, ça ne fait pas partie des dix commandements, parce que même Dieu s'est dit : «Ils sont quand même pas aussi cons!»

J'admets que, dans ce cas précis et à titre exceptionnel, j'espère avoir incité des auditeurs à faire un don. Je leur mets la blague sous la gorge, diront certains, mais vouloir sauver des vies humaines, est-ce du militantisme ?

Ce qui me paraît en revanche recevable, c'est de déceler une connotation éditoriale dans une chronique humoristique. Lorsque je m'empare de l'actualité, mon intention première est de tirer les faits vers l'absurde pour en faire exploser la logique. Moins je parviens à tirer vers l'absurde, plus l'éditorial prend le dessus et, dans ce cas, l'humour politique est selon moi un prolongement du journalisme, une manière alternative et fantaisiste de le pratiquer, en jouant avec ses codes.

L'humour sur la bande de gauche ?

> « L'humour n'est ni à gauche ni à droite, mais autour. »
>
> Thierry Le Luron.

« Humour de droite ou humour de gauche ? » L'interrogation a-t-elle un sens, puisque l'essentiel, c'est de rire ? Lorsqu'on me pose cette question, j'imagine toujours un auditeur s'esclaffant en entendant une saillie, et quelqu'un lui dire : « Tu viens de te poiler avec de l'humour de gauche ! » Va-t-il ravaler tout net son éclat de rire ? Si cette question mérite d'être posée, c'est qu'elle touche à un principe de base, énoncé par Bergson : « Le rire de l'un est souvent l'intolérable de l'autre. » Dans une société traversée par des dizaines de clivages (y compris le plus profond : « pain au chocolat ou chocolatine ? »), autant dire que la catégorisation entre gauche et droite me semble vaine. L'humour étant le miroir de la société, plus celle-ci est éclatée, plus le rire vise des cibles précises, parfois *ad hominem*. C'est le cas avec Manuel Valls, par exemple, parce que lui, il le cherche : il est déjà si avancé dans sa quête pour devenir la tête de Turc de l'humour que je le soupçonne de vouloir briguer la mairie d'Istanbul. Ces blagues ciblées vers un individu sont la conséquence de la peopolisation du politique qui prend une telle ampleur en 2007 qu'elle marque l'émergence des billets d'humour dans les matinales radio et amorce, d'ailleurs, ma transition entre journalisme et humour, tant cette année-là j'eus toutes les peines à réfréner les vannes dans mes articles de presse.

La question des clivages est centrale dans le réflexe qui persiste à vouloir comparer l'humour contemporain à celui de Coluche et de Desproges, deux figures tutélaires dont les noms sont immédiatement assortis d'un « c'était mieux avant ». À l'époque pourtant, ils avaient suscité moult controverses que tout le monde feint d'avoir oubliées, accusés de faire le jeu des partis politiques. Bref, si ces deux-là sont statufiés, c'est notamment parce que leur bouffonnerie, « en s'apposant à une sphère politique circonscrite, produisait l'image d'une société divisée entre peuple et élite, que le bouffon avait pour mission de dénoncer au nom du mécontentement populaire. À l'inverse, l'humoriste d'actualité de 2007 se présente seul contre tous : isolé au sein d'une matinale ou d'un talk-show, il s'attaque à une nébuleuse de personnalités et de thématiques, sans recul, au seul rythme de l'actualité, accusant les répliques lancées en retour. On assiste alors à une privatisation excessive de la parole du bouffon qui, plutôt que de produire un imaginaire collectif, disperse, désarticule, surenchérit. Cet humour d'actualité finit par noyer toute ligne directrice dans le trop-plein de contestation et la critique systématique de l'ensemble des domaines de la vie publique[1] ».

La critique est sévère, mais elle a le mérite d'être objective et argumentée. Je lui opposerais ceci : ce « rythme de l'actualité » auquel nous ne faisons, il est vrai, que « réagir » de façon comique me paraît adapté à la saturation médiatique qui nous est imposée à tous. Cette saturation nous plonge dans un bouillon de polémiques et d'outrances qui crée du malaise, et, de manière individuelle et immédiate, nous, humoristes d'actualité, tentons de les déminer ou, a minima, d'incarner la réaction irritée du citoyen. Et c'est peu dire que, entre mon billet de 7 h 55 et « Par Jupiter ! » à 17 heures, je manque de temps pour déminer la quantité de bullshit déversée sur tous les écrans.

Lorsque, au milieu de cette centrifugeuse, je me trouve face à un politique qui a participé d'une phrase à ce cirque médiatique, il me semble opportun de réagir immédiatement. La blague vole au niveau de la polémique, elle est

1. Nelly Quemener, *Le Pouvoir de l'humour*, *op. cit.*, p. 161.

donc la plus à même de ridiculiser l'excès d'un élu, et cela me paraît d'autant plus efficace que « l'homme politique n'a d'autre capital que son image », comme l'a concédé Jean-Pierre Chevènement au procès contre l'entarteur Noël Godin en 2002[1]. Cela me semble justifier cette mise en scène médiatique du duel entre le politique et l'humoriste. C'est une manière d'analyser et de questionner le pouvoir, surtout quand le niveau de bêtise est atteint et qu'il serait dommage de mobiliser un questionnement journalistique pour si peu.

Voilà qui nous éloigne en effet de la pratique de Coluche et de Desproges et sans doute de la noblesse de leurs textes. Car « l'après-1968 voit émerger une scène que l'on retient comme un moment fort de l'histoire de l'humour. Le comique des années 1970-1980 amène des questions autour des classes sociales. Il se construit contre l'ordre établi et l'élite bourgeoise. "Bonjour, mes diam's, bonjour, messieurs", disait Thierry Le Luron en imitant Valéry Giscard d'Estaing[2] ». Le même esprit règne dans les troupes de café-théâtre qui sont « les premières à développer un comique du désordre social et de provocation cherchant à fédérer les mécontentements[3] ».

Les clivages sociétaux divisent aussi le rire du public. « C'est l'antithèse du pouvoir. La *vis comica* ne cherche pas à faire majorité. D'ailleurs, associée au phénomène

1. *L'Obs*, 12 octobre 2002.
2. Nelly Quemener, kaizen-magazine.com, *art. cit.*
3. Nelly Quemener, *Le Pouvoir de l'humour*, *op. cit.*, p. 25.

majoritaire, elle devient une forme d'aliénation sociale, comme un instrument de pouvoir, des plus classique[1]. » Et comme si pratiquer l'humour n'était pas déjà assez compliqué, il faut ajouter une donnée : la largeur de l'audience. On ne peut pas pratiquer le même humour au Caveau-du-chat-qui-pète et au Zénith de Lille. Quand un comique se produit dans des salles petites ou moyennes, il peut pratiquer un humour moins lisse et fédérateur, car le public qui l'apprécie suffit à remplir la salle. Ce même comique, popularisé par la télévision et/ou le cinéma et capable de remplir un Zénith, aura entre-temps orienté son texte, voire son style, vers plus de divertissement, un rire fédérateur sur des sujets qui parlent à tout le monde : les enfants, le mariage, ou les Raider qui sont devenus des Twix.

Exercer plusieurs années sur la même radio aurait dû m'exempter d'un changement de jauge significatif et donc d'une modification du public qui m'écoute. J'ai senti cette évolution sur huit années : lorsque j'ai intégré la matinale, les niveaux d'audience étaient beaucoup plus bas, et le « socle des auditeurs » de France Inter constituait le gros des troupes (coucou, les profs d'histoire-géo avec collier de barbe et pull jacquard).

Au fil des trimestres et des mesures d'audience, la pression du « Il faut parler à tout le monde » s'est accrue, et j'ai fini par adapter mes textes, à la marge, en les rendant

1. Cynthia Fleury, *Les Irremplaçables*, *op. cit.*

moins éditoriaux et plus rigolards. À la marge seulement, parce que soumettre mon écriture à cette nouvelle donne m'aurait obligée à changer de style, à faire trop de renoncements sur le fond et à augmenter la dose de divertissement (celui qui détourne l'attention et finit par consolider les dominations). Tandis que le public à l'écoute s'élargit, il se morcelle en chapelles, et je me retrouve donc mécaniquement le cul entre deux chaises, à provoquer malgré moi davantage de mécontentements. En d'autres termes, plus choisis : « Dans des sociétés marquées à la fois par l'éclatement des groupes et des références culturelles d'une part, et par l'ère médiatique qui élargit la réception de formes satiriques au-delà du public cible et de l'entre-soi d'autre part, comment, pour la satire, échapper à des conflits de norme ou à des désaccords moraux[1] ? »

Si toutes les recherches sur le rire politique concluent qu'il a pour vocation d'inverser les dominations, comment pourrait-il être de droite ? Je ne doute pas qu'une blague envoyée entre la poire et le fromage au banquet du Medef soit une « blague de droite ». Donc, à moins d'être un patron qui se moque de ses employés ou un président de la République qui parle de « sans-dents », l'humoriste de droite serait celui qui ne remet pas en cause la domination capitaliste et patriarcale. Sans doute est-il aussi celui qui, lors d'une grève, voit la domination des employés

1. Cédric Passard et Denis Ramond, *De quoi se moque-t-on ? Satire et liberté d'expression*, CNRS Éditions, 2021, p. 28.

sur leur patron. « Tous en Suisse, tous en Suisse, ouais ! Ouais ! » « Moins d'Assedic et plus de domestiques[1] ! »

Il est reproché aux humoristes politiques de France Inter de pratiquer un « humour de gauche », car ils raillent les actionnaires plutôt que les ouvriers, ils moquent le raciste plutôt que le migrant et ils se payent le mâle blanc de plus de soixante ans plutôt que la femme noire de plus de cinquante ans. D'après Frédéric Beigbeder[2], c'est pour cette raison qu'il a été engagé sur l'antenne, pour un billet matinal, afin d'incarner un « humour anar ». Avec la réussite qu'on connaît.

Humour de gauche ou de droite ? Je regrette pour ma part la discrétion de l'« humour centriste », qui réglerait l'affaire, mais il a peu de représentants, bien que François Bayrou en sorte parfois de bien bonnes. En attendant, cette question m'a toujours paru la plus complexe de toutes, car brouillée par la notion de valeurs. « Si la satire procède souvent par le gonflement grotesque des vices et des défauts, elle participe d'une entreprise de moralisation. La dénonciation présuppose l'existence d'un système de valeurs et, comme le suggère le philosophe Pascal Engel, l'intention satirique est indissociable d'un réalisme moral[3]. »

Lawrence Olivier, professeur à la faculté de science politique et de droit de l'université du Québec à Montréal,

1. Manif de droite : https://www.dailymotion.com/video/xbl9dk
2. Frédéric Beigbeder, *L'Homme qui pleure de rire*, Grasset, 2020.
3. Cédric Passard et Denis Ramond, *De quoi se moque-t-on ?*, *op. cit.*, p. 23.

fait le même constat et il est l'un des rares à avoir rédigé une réponse à cette question sur le mode gauche/droite : « Il est toujours plus facile de se moquer des idiots de droite que des usurpateurs de gauche », car « il existe en politique des tabous très puissants, les pauvres, les indigents, les malades, l'injustice, etc., qui balisent et normalisent le discours humoristique et celui-ci est traversé par les débats politiques dans la société. S'attaquer à un milliardaire, à ses travers, à sa puissance, ne provoquera qu'une faible réaction, à part les poursuites judiciaires possibles, car la sympathie pour les puissants n'est jamais très grande. Que serait l'humour s'il consistait à parodier les plus démunis, une proportion importante des individus dans une société ? [...] Se moquer de la pauvreté n'est pas interdit ; cela doit se faire sous condition politique, rejoignant ainsi une forme de dénonciation sociale que l'on retrouve surtout à gauche. Cependant, il est familier et facile de parodier, de faire une satire de la gauche plus radicale[1] ».

Bruno Humbeeck formule sensiblement la même chose : « Il y a tout lieu de se méfier des formes descendantes de la moquerie lorsqu'elle invite à tourner en dérision pour amoindrir encore davantage la personne ou le groupe que l'on s'apprête à écraser physiquement, socialement ou psychologiquement. Se moquer des dominants, cela peut souvent être drôle. Se foutre des dominés, c'est

1. Julie Dufort et Lawrence Olivier (dir.), *Humour et politique*, *op. cit.*, p. 222.

toujours lâche[1]. » Une formulation proche du mantra « On ne tire pas sur l'ambulance » (à moins que l'ambulance l'ait bien cherché).

J'ajouterai à cette analyse qu'en France les très riches prêtent beaucoup plus le flanc à la moquerie, dès lors qu'ils affichent leur opulence dans *Paris Match* ou qu'ils invitent un président de la République fraîchement élu à passer des vacances sur leur yacht, ou encore parce qu'ils détiennent les médias et l'édition (bingo pour Vincent Bolloré, qui coche les trois cases). Dans un pays comme la Belgique, où les très riches vivent dans la discrétion et ne possèdent pas de groupe de presse, ils échappent à la portée de la moquerie, et c'est le roi qui prend cher pour tout le beau monde.

Savoir qui parle suffit souvent à cataloguer le rire « de gauche » ou « de droite », en fonction des sujets de prédilection de l'humoriste, ou des prises de position qu'il a pu afficher au cours d'interviews. Cependant, si on ignore qui parle, donc l'intention de l'auteur, la question n'est plus : « Mon Dieu, cette blague est-elle de gauche ou de droite ? » car la réponse n'a aucun intérêt. L'essentiel, c'est qu'elle fasse rire et/ou réfléchir. Ce qui compte, comme pour n'importe quel texte, c'est d'en comprendre le sens, car l'ironie peut vous envoyer dans des directions diamétralement opposées. Exemple : « Il s'agissait d'un quartier qu'on n'appelait pas encore bidonville, mais dont les

1. Bruno Humbeeck, *Leçons d'humour*, *op. cit.*, p. 240.

habitants avaient déjà cet étrange caprice de vouloir manger tous les jours. » Est-ce une démonstration de mépris de la part d'un dirigeant politique ? Ou la saillie mordante d'un soutien du peuple singeant la dialectique d'un puissant ? Le romancier Santiago H. Amigorena est l'auteur de cette phrase[1], et son parcours personnel, qu'il décrit dans toute son œuvre, vous aiguillera certainement.

L'humour a-politique

> « Si tu ne t'occupes pas de politique, la politique s'occupera de toi. »

L'humour politique n'est pas forcément un humour « qui parle de politique ». Mais qu'en est-il du divertissement pur, de l'humour qui prétend : « Je ne fais pas de politique » ? Il y a deux écoles parmi les chercheurs. Ceux pour qui l'humour est *de facto* politique, parce que le langage l'est. Dans ce cas, le sketch de Bigard sur la chauve-souris serait politique (celui sur le « lâcher de salopes » me semble davantage relever du juridique). « Un tel rire prend clairement une dimension politique quand il contribue à regrouper autour d'un éclairage ludique, bienveillant, sécurisant et créateur de lien tous ceux qui éprouvent un plaisir sincère à se retrouver et tendent à

1. Santiago H. Amigorena, *Le Premier Exil*, POL, 2021, p. 149.

se souder autour d'un éclat de rire joyeux qui, partagé, manifeste le contentement de faire partie d'un même groupe et de former ensemble une entité commune[1]. » Ce que Guillaume Meurice et moi appelons communément « des blagues de chatons ».

D'autres chercheurs affirment que l'humour de pur divertissement, en ne cherchant pas à remettre en cause les dominations, renforce celles qui sont à l'œuvre. Si je ne m'abuse, ça aussi c'est politique, tout en faisant mine de ne pas l'être.

En choisissant d'ignorer l'élu installé face à lui dans le studio de la matinale pour disserter pendant trois minutes sur la noix de muscade, François Rollin feint de ne pas faire de politique : il fait de l'absurde. Mais en occultant la présence d'un élu ou d'un ministre, ou en affichant une indifférence ostentatoire, ne fait-il pas de la noix de muscade un sujet politique, le sujet qui se fiche ostensiblement du politique ?

Le comique qui choisit de rire en dehors du politique s'extrait de l'équation la plus ardue soumise aux humoristes : quand l'humour n'est pas juste, il produit des inégalités et, quand il n'est pas fédérateur, il crée de l'exclusion.

1. Bruno Humbeeck, *Leçons d'humour, op. cit.*, p. 201.

Le rire extrême (droite)

Les humoristes sont ceux qui s'attaquent le plus frontalement à l'extrême droite, ceux qui en ridiculisent le plus sèchement la rhétorique. C'est une matière intéressante parce que son discours contient déjà tant de nonsens qu'on peut la pousser très loin vers l'absurde, pour en faire éclater la logique – ou, en l'occurrence, l'absence de logique... – et pratiquer l'extrême absurde. C'est rapide, efficace dans l'instant, et sans bavures (puisque les bavures, ce sont les extrêmes qui les commettent). Pendant ce temps, les journalistes, avec le renfort des historiens, doivent s'affairer à démonter *a posteriori* les faits et les chiffres d'une déclaration ou d'une interview. C'est leur travail qui est primordial, mais il est laborieux, tandis que l'humoriste n'a qu'à dégainer sa vanne pour transformer le rejet de l'autre en inclusion, la peur et la haine en joie et en rire. Nous sommes donc complémentaires. On préfère tous « rire avec », mais, face aux thèses de l'extrême droite, je ne trouve pas gênant de « rire contre » : eux jouent sur les peurs, on leur oppose la joie. Bref, le rire contre la peur.

Néanmoins, peut-on rire avec l'extrême droite ? Celle-ci n'a jamais eu besoin du rire pour se rendre sympa, elle y est très bien arrivée toute seule – avec l'aide des médias –, depuis la dédiabolisation jusqu'au reportage sur le vernis glam' de la nouvelle façade : en octobre 2021, BFM TV et *Le Parisien/Aujourd'hui en France* ont carrément consacré un reportage à la décoration du nouveau bureau de Marine Le Pen.

> Quand j'ai vu ça, j'étais tellement dégoûtée pour les journalistes du *Elle Déco*. Ils ont loupé l'exclu ! Dans le sujet de BFM TV, on voit Jordan Bardella parler tissu d'ameublement. Il explique que les coussins sont « des goodies utilisés lors de la campagne en 2017 ». Eh ben, ils sont encore en super état ! C'est normal, puisqu'au Rassemblement national c'est pas sur les coussins qu'on s'assoit, c'est sur les convocations chez les juges d'instruction.

On a peu de chances de « rire avec » en plateau car les responsables politiques du RN quittent le studio pour ne pas avoir à entendre les humoristes. Et vu les réactions des sympathisants d'extrême droite aux billets d'humour, on a tous une idée précise du traitement qui sera réservé à la culture comique s'ils arrivent au pouvoir.

L'exemple cité systématiquement, parce qu'il n'y en a pas de plus évident, c'est « Le tribunal des flagrants délires », en 1982 sur France Inter, avec pour invité-accusé Jean-Marie Le Pen, que l'on voit rire au second plan. La défense de Luis Rego – « La journée d'un fasciste » – et le réquisitoire de Pierre Desproges – « Peut-on rire de tout ? » – ne s'adressent pourtant pas directement à Le Pen, dans le sens où tous deux disent leur texte devant le public présent, avec dans le dos l'invité qu'ils ignorent presque. Il ne s'agit pas vraiment d'un face-à-face. Et le rire de l'accusé Le Pen (est-il sincère ou forcé?) sert à mettre de la distance entre lui-même et le propos des humoristes. Ce rire délivre le message : « Je n'ai rien à voir avec ce qui est décrit, la preuve, j'en rigole! »

Le président du tribunal, Claude Villers, déclarera plus tard regretter cette invitation, mais a-t-elle vraiment eu un impact? Ce « tribunal » reste un détail de l'histoire de la montée de l'extrême droite, perdu au milieu des milliers d'heures d'antenne offertes en direct pour promouvoir l'absence d'idées du FN. Dans son livre *Vivons heureux en attendant la mort*, Desproges, qui a retravaillé le texte du réquisitoire, écrit en chute : « Il vaut mieux rire d'Auschwitz avec un Juif que de jouer au Scrabble avec Klaus Barbie. » Encore une fois, il plie le game en mettant tout le monde d'accord.

Marine Le Pen, elle, quitte systématiquement le studio de la matinale après chaque interview pour ne pas avoir à être confrontée à l'humoriste. J'étais donc peinarde, avant que la question se pose frontalement à moi en 2017, quand France 2 m'annonce qu'elle sera invitée dans « L'émission politique », programme clôturé par mon intervention.

Un petit détour par une contextualisation politico-culturelle est nécessaire avant de revenir à cette rencontre. En matière de traitement de l'extrême droite dans les médias, il existe un fossé entre la France et la Belgique francophone. Un ravin qui, encore aujourd'hui, vingt ans après mon immigration en France, exige de moi la souplesse d'un Jean-Claude Van Damme pour exécuter un grand écart en équerre, un pied sur chaque bord de la falaise.

Il existe en Belgique francophone un « cordon sanitaire médiatique » : les représentants de l'extrême droite ne sont jamais invités à s'exprimer en direct. Lorsqu'on les entend à la télévision ou à la radio, c'est dans le cadre d'un reportage enregistré, où la parole est « enrobée » d'un commentaire journalistique. Cette méthode qui consiste à encadrer la parole est une précaution prise par les directions des rédactions, qui assument une responsabilité éditoriale en cas de dérapage sur leur antenne : les médias se prémunissent donc contre un éventuel appel à la haine lors d'un direct, qui tomberait sous le coup de la loi pénale.

J'ai été formée à la RTBF avec cette éthique, diamétralement opposée à la pratique française du déroulement de tapis rouge sous la parole d'extrême droite, ce qui me demande encore aujourd'hui beaucoup de self-control. À mon arrivée à France Inter, il m'a été servi une bonne demi-douzaine de fois cette phrase, prétendument attribuée à Voltaire : « Je ne suis pas d'accord avec vous mais je me battrai pour que vous puissiez vous exprimer. » Dans le cas de l'extrême droite, cette citation me semble complètement à côté de la plaque, car elle dit en creux : « Je ne suis pas d'accord avec vos appels à la haine, mais je me battrai pour que vous puissiez les lancer. »

C'est ce que j'expose en 2017 à l'équipe de « L'émission

politique », car il est pour moi hors de question de participer à un programme qui offre deux heures d'antenne en direct à la candidate Le Pen, d'autant que la rédaction n'a pas eu d'idée plus brillante que de lui opposer Patrick Buisson comme contradicteur (fin de la blague). Une longue discussion avec les journalistes me fera changer d'avis (comme quoi, j'arrive à m'intégrer), car nous sommes à la télévision, et l'image de mon siège vide face à Marine Le Pen me gêne. À plus forte raison que d'habitude, à France Inter, le contraire se produit : c'est Le Pen qui pratique l'absentéisme (comme au Parlement européen, mais nous ne sommes pas là pour parler emplois fictifs).

Bref, après deux heures d'antenne, l'humour aurait déserté. Et puis je suis en France, pas en Belgique : personne ne pourra expliquer correctement mon absence, ni la comprendre, et puis surtout, tout le monde s'en fout. Commence alors la plus longue prise de tête de l'histoire de l'écriture d'un texte de blagues de trois minutes, la quadrature du cercle de la poilade : « Comment rire contre, mais un peu avec ? », le « avec » étant la petite dose de lubrifiant qui épargne de paraître trop désagréable.

Déjà, je prépare deux versions de mon texte dans ma loge pendant le direct : un au cas où Marine Le Pen se lèverait pour s'en aller à mon arrivée, et un autre si elle restait. Qu'arriva-t-il ? Le seul cas de figure que je n'avais pas prévu : elle reste en s'absentant. Elle a le nez sur ses dossiers, qu'elle fait mine de ranger pour montrer qu'elle ne va pas m'écouter et donc bien plomber la séquence – qui semble déjà chaque fois se dérouler dans un magasin Picard. Je ne remercierai jamais assez Léa Salamé d'avoir été enceinte jusqu'aux dents à ce moment-là, prouvant qu'un bébé pas encore né est capable de résoudre une équation. C'est sa dernière émission, elle laissera ensuite David Pujadas seul aux manettes, l'occasion de dire aux deux journalistes-présentateurs et à l'invitée : « Léa, vous partez en congé maternité, félicitations. David, je suppose que c'est vous le père ? » Blague à référence purement télévisuelle qui va chercher la ménagère de moins de cinquante ans en Marine Le Pen, avec une pointe d'entre-soi. Elle éclate de rire, elle a donc levé le nez de ses dossiers et elle est obligée d'écouter la suite dans une queue de comète de sourire qu'elle ne peut éteindre que *crescendo*, car la suite tient du « rire contre ».

Depuis, Zemmour a surgi sur le tapis rouge médiatique, en poussant si loin tous les standards de l'extrême qu'il faut courir vite pour les rattraper, même quand on est humoriste. J'ai pissé dans un violon pendant des années avec mes billets sur Le Pen, je m'apprête à pisser dans une contrebasse. J'évite d'abord pendant longtemps de lui consacrer un texte, la vie est trop courte. Et, en septembre 2021, il n'est encore que chroniqueur télé. Excepté sur le service public, les médias généralistes se jettent à corps perdu sur la sortie imminente de son dernier livre pour lancer la campagne de l'intéressé sans qu'il ait eu à le faire lui-même. Je reste en total self-control, mais je finis par canaliser mon agacement dans un billet, le jour de la sortie dudit bouquin, parce qu'il se trouve que c'est aussi pile le jour de la sortie du livre de Christiane Taubira.

Je choisis d'incarner une libraire :

> Je me retrouve avec les lecteurs de Zemmour et ceux de Taubira au même moment dans ma librairie ! Ça va être la guerre culturelle. Mais moi, j'ai choisi de faire libraire, pas Casque bleu. Donc j'ai gardé les flèches du parcours anti-Covid : les jaunes pour les lecteurs de Taubira et les bleues pour les lecteurs de Zemmour, comme ça ils ne se croisent pas. Et puis, entre les deux, j'ai disposé une étagère avec les biographies de John Lennon et des livres sur la relaxation, le yoga et la méditation.
>
> Pour en revenir au livre de Zemmour, il n'y a qu'à lire les titres de ses bouquins pour voir qu'il n'y a aucune cohérence. En 2014, il sortait *Le Suicide français* et aujourd'hui c'est *La France n'a pas dit son dernier mot*… Comment ça se passe au niveau de la chronologie ? On se suicide et puis on se met à causer ?

Je profite de cette chronique pour suggérer aux auditeurs de participer à une petite action d'« activisme fun » qui tient du jeu :

> La lecture permet de s'ouvrir aux autres cultures, pas à s'enfermer dans la sienne. Alors je m'adresse même à tous les lecteurs qui fréquentent des librairies. Il y a un petit jeu très amusant à faire avec le livre d'Éric Zemmour : vous prenez un exemplaire en rayon, et vous allez le classer dans

l'étagère de littérature africaine, vous le planquez entre Amadou Hampâté Bâ et Léopold Sédar Senghor. Notez que ça marche même en littérature française, puisque personne n'aurait l'idée de chercher un bouquin pareil classé entre Yourcenar et Zola.

Voilà pourquoi, la même semaine, en plein lancement de la campagne non déclarée du pas encore candidat, des affiches arborant un énorme « Z » noir sur fond blanc m'incitent à poursuivre le jeu. L'individu Z n'est pas candidat, il est déjà condamné pour provocation à la haine et injures racistes et il affirme en plus que « Pétain a sauvé des Juifs ». Par ailleurs, cet affichage sauvage sur du mobilier urbain est aussi légalement répréhensible. J'estime avoir un boulevard pour arriver avec mon petit marqueur rouge et je suggère dans une vidéo d'ajouter « OB » derrière le « Z » sur toutes les affiches de France. « C'est un petit jeu que je vous propose », dis-je, prenant la précaution d'ajouter : « C'est mieux que de bêtement lui dessiner une moustache », sous-entendu « ne le faites pas », et donc évidemment je le fais quand même, c'est le principe même de la blague.

Nous sommes en septembre, c'est la rentrée, les fachos des réseaux sont en forme et « Zob » a importé en France la guerre culturelle : elle fait rage entre CNews et France Inter, telles Fox News et CNN. Par ailleurs, aux États-Unis, le terrain d'affrontement principal de cette guerre culturelle, ce sont les *late-night shows* satiriques, dont

« Par Jupiter ! » propose un équivalent. Tous les ingrédients sont réunis pour que ma blague soit instrumentalisée et montée en polémique.

Voilà comment on se retrouve en moins de vingt-quatre heures avec une demande de « rendez-vous » de la part de la présidente de Radio France, après une discussion éditoriale d'une heure avec la direction de France Inter. Je réponds à cette demande de rendez-vous par un texto : « Avec plaisir, mais à quel sujet ? » Le secrétariat me répond qu'il s'agit de « faire un petit point sur la rentrée ». Donc, au niveau de la présidence, « convocation » se dit « faire un petit point sur la rentrée ».

Pour les sympathisants de Zemmour, j'ai caricaturé le prophète et, pour mes patrons, j'ai « entraîné tout Radio France » dans mon geste. Entraîné dans quoi, à part une blague potache dont on oublie de dire qu'elle a aussi fait rire beaucoup de gens ? Cet épisode fut l'occasion de longs échanges sur le rôle du rire politique, et ça, c'est jamais perdu. Aux supplications pour que j'évite de remettre ça trop souvent, j'ai répondu à ma direction : « Ne vous en faites pas, une si bonne blague, c'est pas tous les matins que ça se présente. » Et j'ai ajouté que ce qui m'était reproché, « la moustache d'Hitler », relevait de l'interprétation. Après tout, pourquoi ne serait-ce pas la moustache de Charlot ?

Les philosophes de la gaudriole

« L'humour est une violence polie. »
Rhétorique, Aristote

Peu de philosophes, à l'exception notable de Bergson, se sont intéressés au rire. Heureusement, nos plus fameux boute-en-train de la pensée moderne se sont récemment emparés du sujet. Le plus emblématique étant le philosophe Alain Finkielkraut, polémiste zélé lorsqu'il s'agit de disserter sur le rire dont il ne maîtrise pas les codes, ce qui fait de lui une cible amusante pour les humoristes et lui permet de cultiver sa posture de martyr envoyé au bûcher des vannes.

Ce que nous reproche au fond Finkie (c'est mon chouchou, je l'appelle affectueusement par son surnom), c'est de mettre à mal sa vision du monde, ce vieux monde qui est en train de s'éteindre et qu'il défend avec d'autant plus de hargne que son statut et ses privilèges en dépendent. Le rire qui accompagne la fin du vieux monde n'est qu'un thermomètre de la crise, et c'est pourtant lui que Finkie veut briser.

Les philosophes et le second degré

Déjà dans la Grèce antique, Aristophane tournait les philosophes en dérision. Il semble que, depuis, les philosophes en ont tenu rancune à ses successeurs. Bruno Humbeeck observe un mouvement de balancier dans l'histoire de la passion entre comiques et philosophes : régulièrement, ces derniers s'emploient à séparer le « bon rire de celui qui ne l'est pas ». « Ce sont une nouvelle fois les philosophes qui, s'attaquant au rire comme manifestation de l'esprit humain, seront chargés de mettre de l'ordre. Hegel, Schopenhauer et Kierkegaard s'y entendent pour ne pas trouver grand-chose de drôle ni à l'ironie, ni à la dérision, ni au sarcasme[1]. » Plus tard, « Jankélévitch reprochera pour sa part à l'ironie de dissoudre le tragique et de justifier l'indifférence en mettant tout sur le même pied[2] ».

À ce titre, Finkie s'inscrit dans une longue tradition. Il n'est pas étonnant que le polémiste goûte peu l'humour, puisque l'humour désacralise tout ce qu'il touche. Voilà pourquoi il est particulièrement savoureux de faire de lui la cible du rire.

1. Bruno Humbeeck, *Leçons d'humour*, *op. cit.*
2. *Ibid.*

> Ce que vous n'aimez pas chez les Guignols de Canal, c'est « cette arrogance militante, cette dérision fanatique, donneuse de leçons, idéologique ». Eh ben, ça vous fait un point commun avec Bolloré.

Le fait qu'il soit en plus académicien en fait doublement un bon personnage de satire :

> Je vous ai vu dans *Vanity Fair* chez le couturier qui a taillé votre costume d'académicien. Vous posez avec une épée. Sur la photo, on vous sent prêt à partir en croisade contre les Sarrasins alors qu'en fait vous allez juste écrire un dictionnaire. [...] Avouez que, depuis votre période maoïste, vous êtes bourré de contradictions. Sous prétexte que le présent est imparfait, vous préférez le passé simple et quand vous envisagez l'avenir, c'est au futur antérieur.

Que reprochent certains philosophes aux humoristes, au juste ? Tout simplement le fait de célébrer le monde et sa bêtise, quand il vaudrait mieux s'en lamenter. De cette mise en garde, « depuis les années 1980, Gilles Lipovetsky, Olivier Mongin, Alain Finkielkraut ou encore François L'Yvonnet [...] sont les porte-parole les plus médiatisés et s'inquiètent de l'avènement d'une société humoristique portée par une culture de masse abêtissante[1] ». En bref, et c'est encore Finkie qui résume le mieux le mépris de ce

1. Laure Flandrin, *Le Rire. Enquête sur la plus socialisée de toutes nos émotions*, La Découverte, 2021, p. 16.

courant philosophique pour la blague : la dérision serait « la bande-son du monde ».

Rire joyeux vs *rire moqueur*

Alain Finkielkraut nous accuse en outre de pratiquer « un sarcasme ciblé qui fait la chasse aux déviants[1] ». Je dis « nous », car il vise l'émission « Par Jupiter ! » et en particulier une chronique d'Aymeric Lompret qui dit, pour résumer l'ensemble des propos réactionnaires de Finkie : « Il a le cerveau qui coule par le nez. » Or ceci n'est pas une attaque physique. C'est une image forte qui, si Aymeric Lompret savait dessiner, pourrait figurer en une de *Charlie Hebdo*. Elle illustre en peu de mots la dérive réactionnaire et outrancière d'un polémiste dont les propos dégoulinent, la référence au cerveau rappelant que le personnage est censé être un « penseur ».

En employant le mot « sarcasme », le philosophe-polémiste reproduit un argument de Descartes : la distinction entre le rire et le sarcasme. Dans le traité des *Passions de l'âme*, Descartes souligne la différence entre le rire sain et la moquerie, associée au mépris, voire à la haine[2]. L'académicien s'appuie sur l'auteur du *Discours de la méthode* qui, s'il avait eu un peu d'humour, aurait conclu : « Je pense donc je ris. »

1. *FigaroVox*, 18 octobre 2021.
2. Voir Marie-France Patti, *L'Humour, un défi aux certitudes*, *op. cit.*

L'utilisation du mot « sarcasme » par Finkie dans sa tribune semble faire davantage allusion à la diabolisation du rire qui caractérise l'ère chrétienne. Le diable rit, tandis que Dieu fait la gueule, ce qui me plonge dans le doute : Dieu a-t-il des dents ? Et quand le philosophe dit que le sarcasme est une arme, il est au premier degré. Son attaque est de ce fait autrement plus violente que la vanne à laquelle elle est censée répondre.

La distinction entre le rire joyeux et le rire moqueur s'opère déjà dans l'Ancien Testament, avec deux mots différents en hébreu, comme en grec ancien. Ce sont les Romains qui, en fusionnant les deux termes en un seul, « *ridere* », ont mis le bazar qui me conduit à écrire ce petit essai aujourd'hui : comment connaître la nature de la blague, donc du message, si on ne sait pas ce qui relève du rire joyeux ou du rire moqueur ? Par « la seule intention de celui qui émet le message comique[1] ».

À partir de là, affirmer que les humoristes de France Inter sont des « islamo-gauchistes », comme on l'entend souvent, et des « bras armés de la bien-pensance » pratiquant un « rire barbare » pour reprendre Finkie, c'est en effet ranger des centaines de milliers de blagues dans le sac de la « moquerie » plutôt que dans celui du « rire joyeux ». L'humoriste, censé être *de facto* doué de recul, ne s'offusquera pas de cet état de fait. Et, si besoin, le psychopédagogue Bruno Humbeeck nous rappelle que

1. Bruno Humbeeck, *Leçons d'humour*, *op. cit.*, p. 232.

Shakespeare a écrit par l'intermédiaire de Berowne dans *Peines d'amour perdues* : « La bonne fortune d'une boutade, d'une blague réside dans l'oreille de l'auditeur et non pas dans la langue du farceur ou de l'humoriste. »

À qui la faute ?

À lire certains philosophes, on pourrait croire que l'humour a grand-remplacé la réflexion. On ne critique plus, on se moque ; on ne pense plus, on glousse ; on n'analyse plus, on dénigre. C'est un reproche qu'on doit plutôt faire à certains politiques à tendance clownesque – je pense à Trump, Berlusconi et leurs avatars français, Sarkozy et Le Pen junior. Dans leur cas, le maniement d'un prétendu humour représente en effet un péril démocratique : il leur permet de singer le pouvoir et d'adopter une posture politiquement incorrecte. Et quand le sage joue au clown, le débat de société devient un cirque (ce qui est très injuste pour nos amis les clowns). « La démocratie, virant à l'émocratie, a ainsi mis le rire, tissé d'humour et de moquerie, dans une posture paradoxale qui l'amène, en dénonçant le pouvoir, à s'en emparer[1]. » N'est-elle pas plutôt là, la « dictature du rire » que Frédéric Beigbeder s'obstine à voir dans la grille des programmes de France Inter ?

1. *Ibid.*

Si la vision du monde selon Finkie et Beigbeder semble encore dominer, le rôle de l'humoriste est de la renverser en suggérant une vision alternative. Chacun de nous ne fait que proposer à l'autre de repenser la société, mais pas dans la même langue. L'intellectuel affirme, l'humoriste plaisante. Et ces deux paroles ne sont pas censées avoir la même valeur. Je m'étonne donc toujours de voir certains intellos débattre d'une blague, ce qui la ramène forcément au premier degré et finit par la ruiner.

La blague a cet avantage qu'elle disqualifie d'un éclat de rire une pensée que l'intellectuel a pu mettre des années à construire. Mais l'intellectuel a pour lui le poids et le statut que la société lui confère. L'humoriste reste un saltimbanque dont la saillie n'a d'effet que dans l'instant, la vanne n'a pas vocation à s'inscrire dans le temps, contrairement à la pensée. Certes, durant ce court moment, elle dégage une force irrésistible, mais qui s'évapore instantanément. Débattre d'une vanne épargne sans doute de devoir débattre de vrais sujets, ou débattre de l'humour politique même, puisque l'objet semble insaisissable et difficile à conceptualiser (or conceptualiser, c'est la passion des philosophes).

Puisque les intellectuels médiatiques sont devenus des polémistes, ne nous étonnons pas que les humoristes soient pris pour des idéologues. Tandis que l'intellectuel et le politique deviennent parfois risibles, le comique est parfois pris au sérieux. Au-delà du fait que certains intellectuels sont éligibles au statut d'intermittent du spectacle, l'humoriste est en train de se faire ubériser par cette frange de penseurs dont le cerveau a grillé sous les projecteurs.

Anne Hidalgo « a transformé Paris en Beyrouth, et l'explosion, c'est elle », a ainsi pu dire Alain Finkielkraut sur Europe 1, le 24 octobre 2021. Cette phrase peut être interprétée différemment selon qu'elle émane d'un humoriste ou d'un intellectuel. Si elle avait été prononcée par un chauffeur de taxi parisien, j'aurais plaidé pour de l'ironie, puisqu'ils sont les premiers à subir au quotidien la passion parisienne pour les travaux. En revanche, si elle est prononcée par un politique, c'est le bingo de la polémique, on ne sera pas étonné. Mais venant d'un philosophe ? Qu'a-t-il à y gagner ? Il donne l'impression de singer les humoristes et leurs punchlines qu'il critique pourtant à longueur d'année. Car si les voix les plus virulentes à l'égard de l'humour déplorent notamment que les vannes soient « prévisibles » (malgré une hygiène d'écriture stricte : jamais deux fois la même blague), leurs diatribes le sont tout autant.

L'humoriste qui s'empare de l'actualité se doit de grossir le trait pour tirer le fait vers l'absurde (les grossophobes du trait, stoppez ici la lecture, vous allez vous faire mal). La comparaison est l'une des figures de style les plus utilisées par les comiques, qui se plaisent à comparer l'incomparable, à faire se refléter le petit dans l'infiniment grand ou le dérisoire dans le grave ; tandis que l'intellectuel martèle au fil des débats : « Comparons ce qui est comparable », pour dire « revenons à la raison ». L'humoriste, lui, s'en sert pour dire « soyons déraisonnables un instant ». Manier l'absurde permet de remettre en question les évidences, pour rire et réfléchir, contrairement aux complotistes qui, dans une bêtise affirmée, cherchent à remplacer une vérité par une élucubration.

Le rire en danger ?

« L'hypercarnavalisation de notre société tue-t-elle le rire ? » La société en question est la société québécoise, et cette question est posée dès l'introduction de l'ouvrage de référence *Humour et politique*[1]. Julie Dufort répond : « À l'affirmative, cette hypothèse avancerait que nous rions par habitude. Ce serait une façon de se fondre dans la masse et de vivre en société. Ce rire joyeux ne serait pas une obligation, mais bien une norme. [...] un rire mimétique[2]. »

En France, il me semble que ce travers guette davantage les politiciens et les intellectuels que les humoristes. Les premiers ont intériorisé que seule la petite formule empreinte de dérision donnera du relief à leur propos, à défaut d'une idée neuve. Il est difficile de reprocher aux derniers une mécanique du rire, puisque c'est leur

1. Julie Dufort et Lawrence Olivier (dir.), *Humour et politique, op. cit.*
2. *Ibid.*, p. 27.

vocation, voire leur philosophie de vie, de prendre les faits avec recul et dérision. Cela dit, en s'emparant du sujet, écrivains et philosophes entérinent le fait que le rire est une activité intellectuelle.

Le rire « fragilise les discours monopolisant le domaine du vrai[1] », or l'invité face à Léa et moi lors de l'interview de 7 h 50 est précisément là pour nous éclairer sur le vrai. Il est crédité du vrai, il doit le prouver en s'exposant aux questions de Léa, et moi, je m'amuse à remettre en question cette vérité d'une manière moins orthodoxe, et donc païenne.

Si je me réfère à un philosophe qui s'est intéressé à l'humour sans chercher à le dénigrer, Jean-François Lyotard, mon billet est un moment de fête de carnaval au milieu de la matinale : « La fête païenne qui s'empare et discrédite le théâtre religieux pourrait très bien s'intéresser au théâtre de la Chambre des représentants qui a aussi besoin d'entretenir la crédulité du peuple pour régner[2]. »

*

1. *Ibid.*, p. 281.
2. Cité in *ibid.*, p. 280.

« *Aux vannes, citoyens !* ou le rire infâme »

Une lecture critique d'Aline Vankielkraut[1]

Le présent ouvrage nous fait voyager à travers le Blaguisthan : la dictature du rire et sa diagonale du vide de la pensée. Dans ce régime autoritaire de rigolade subventionnée, que de trop rares esprits encore animés par l'idéal des Lumières parviennent à dénoncer, essuyant les quolibets, règne la « vanne », cette imposture de la rhétorique. Tout ça ne nous rendra pas Desproges. #BringBackFernandReynaud (parce que Bourvil serait en prison aujourd'hui).

« Nous sommes entrés dans l'ère de l'après-humour : un monde où le sarcasme est mis au service de l'idéologie pour ostraciser et écraser des ennemis politiques[2]. » Nous avons trop longtemps laissé proliférer ce fonctionnariat de la rigolade, qui s'est mué aujourd'hui en rire militant, puis en marrade radicalisée puisqu'il est maintenant aux mains des ayatollahs du LOL. Quelle sera la prochaine étape ? Un véritable terrorisme de la gaudriole, avec l'obligation de rire aux blagues financées par nos impôts sous peine de lapidation en place médiatique ?

1. Ceci est un pastiche.
2. Ceci est une citation véridique d'Alain Finkielkraut, *FigaroVox*, 18 octobre 2021.

Ils sont désormais trop nombreux, ceux qui salissent le propre de l'homme. Ces générateurs de violence narrative qui hystérisent nos débats sont des « rebellocrates », des « artistes pratiquant l'insoumission subventionnée », comme l'écrivait le regretté Philippe Muray.

Aujourd'hui, le rire est un danger démocratique. Heureusement, les réseaux sociaux se posent en vigies régulatrices et pilonnent par le verbe les pires saillies humoristiques dont ce livre fait l'éloge. Dans l'histoire, les dictatures en germe commencent toujours par enrôler la jeunesse. Qu'on ne vienne donc pas parer les programmes satiriques de vertus pédagogiques, ne confondons pas éducation et propagande, comme aux heures les plus sombres de notre histoire. Voulons-nous confier l'éducation de nos enfants aux fanfarons et créer une génération de barbares de la bien-pensance ?

Non. Il en va de l'avenir et de la grandeur de la France.

La femme qui rit

La femme n'est pas assez entrée dans l'histoire du rire. Alors que l'histoire du rire lui est bien rentrée dedans, depuis des siècles. Même Voltaire n'a rien à envier à Sacha Guitry : « Les femmes ressemblent aux girouettes, elles se fixent quand elles se rouillent. » Dommage qu'il soit au Panthéon, il aurait pu intégrer « Les Grosses Têtes ».

L'humour étant à certains égards une arme et donc un instrument de pouvoir, personne ne s'étonnera qu'il s'agisse d'une prérogative masculine. Il a pourtant fallu de nombreuses années avant que j'en prenne conscience : c'est encore un territoire de conquête pour les femmes. D'autant qu'en matière de rire politique, on nous compte sur les doigts d'une main. À la radio, Sophia Aram puis Nicole Ferroni ont féminisé l'humour politique qui jusque-là était assuré par une écrasante majorité d'hommes : Stéphane Guillon, Didier Porte, Guy Carlier, ainsi que les imitateurs Laurent Gerra et Nicolas Canteloup.

La première fois que la question d'un supposé « humour féminin » m'a été posée, je n'y voyais aucun intérêt, car elle était étrangement formulée : « Faire rire ou séduire[1] ? », avec pour intervenantes, selon le compte rendu du *Figaro*, « des femmes sexy qui osent tout ». Misère. J'avais décliné l'entretien devant l'intitulé, mais, l'équipe de tournage ayant débarqué dans mon bureau sans que j'en sois avertie, je me suis entendue bredouiller : « Le rire d'une femme est castrateur. » J'avais donc soupçonné le poids de la domination masculine. Mais, excepté lorsque je joue à draguer un politique pour utiliser le levier de l'intime, mon humour ne m'a jamais semblé genré, je n'avais pas l'impression de pratiquer un « humour féminin », pas plus que faire de l'« humour belge ». En revanche, depuis #MeToo, je pratique volontairement de temps à autre l'inversion de genre face à des faits d'actualité ou des situations récurrentes dans la société. Ainsi, en février 2020, au moment où l'Académie des César nomme douze fois Roman Polanski, où le président de la Fédération française des sports de glace, Didier Gailhaguet, est accusé de viols sur des patineuses, tandis que le cardinal Barbarin vient d'être relaxé, je décerne les « Slips d'or » à l'antenne :

> Ils sont hommes d'Église, réalisateurs, entraîneurs sportifs… Beaucoup de Slips à remettre cette année dans la catégorie cinéma. Mais d'ores et déjà, le Slip d'or de la révélation masculine de l'année est attribué à… Christophe Ruggia[2]. Catégorie Meilleure défense, le favori, c'est Didier

1. Téva, 21 février 2019.
2. Le réalisateur mis en cause par Adèle Haenel.

Gailhaguet avec « Je l'ai appris la semaine dernière » (vingt-deux ans qu'il dirige la fédération, il part donc favori) ; Bernard Pivot avec « Ça alors, j'avais jamais remarqué ! » ; la Fédération de tennis avec « Quand j'étais au courant, j'étais pas responsable et quand j'étais responsable, j'étais pas au courant », et enfin l'éditeur de Gabriel Matzneff avec « Il faut savoir séparer l'écrivain du touriste en Thaïlande ».

L'occasion d'entendre les discours des lauréats : « Tout ceci n'aurait jamais été possible sans l'ensemble de mes équipes qui ont su garder le silence pendant toutes ces années ! Je dédie ce Slip d'or à tous ceux qui, dès le départ, ont su fermer les yeux. »

Il y aura des moments plus festifs dans cette cérémonie, avec notamment un live de Jean-Luc Lahaye (comme la soirée sera présentée par Jean-Marc Morandini, ça va rester entre *happy few*). Il y a bien sûr plein de gens qui mériteraient un Slip d'or dans les entreprises ou dans les usines, mais bon, ça ferait moins d'audience…

Un Caleçon de cristal sera remis au cardinal Barbarin pour l'ensemble de sa carrière. Il succède ainsi à DSK dans le palmarès. Le prix du meilleur scénario revient à ce fonctionnaire du ministère de la Culture qui mettait des diurétiques dans le café de ses interlocutrices pour les mater en train de pisser entre deux fougères dans les jardins de la rue de Valois… Le lauréat de l'an dernier, Georges Tron, viendra lui remettre le prix.

Le moment nostalgie intitulé « Oui, mais c'était une autre époque » sera l'occasion de diffuser les plus beaux extraits de misogynie des cinquante dernières années à la télévision. Une rétrospective allant de Guy Lux à Pascal Praud. Pour le Slip d'or du meilleur second rôle, sont nommés : la révélation, le chauffeur Uber, et celui qui part favori, le frotteur de la ligne 13…

Et enfin, on terminera avec le Slip des plus beaux décors, et là on a l'open space, le Vatican et le vestiaire du club de natation, mais c'est évidemment la rue qui devrait une nouvelle fois l'emporter… ex æquo avec la famille – le fameux triumvirat papy-tonton-papa. Ah, et j'allais oublier, à la toute fin : le collectif des femmes de cinéma viendra rappeler le manque de parité de cette cérémonie.

La femme est un homme

Comme toutes les femmes, il semblerait que je sois porteuse « d'une vision du monde forgée par l'expérience de la domination[1] » et que cela influence mes textes. Deux livres m'ont ouvert les yeux à ce sujet : l'ouvrage de l'historienne Sabine Melchior-Bonnet, *Le Rire des femmes. Une histoire de pouvoir*, où j'ai appris qu'au XIXe siècle il était indécent de dévoiler ses dents en présence des messieurs, et l'essai d'une universitaire spécialisée dans les études de genre, *Le Pouvoir de l'humour*, de Nelly Quemener, où l'on découvre que, jusqu'au début des années 2000 à la télévision, l'incarnation de la femme était… un homme déguisé en femme. Autant dire qu'en restant spectatrices de l'humour pendant des siècles, nous avons eu le temps de prendre des notes.

1. Nelly Quemener, *Le Pouvoir de l'humour*, *op. cit.*

« La nature a séparé le rire de la beauté. Spasme, désordre, petit séisme du visage, le rire défigure, ébranle le corps, ôte toute dignité. Inconvenant, il échappe des entrailles. [...] Les usages sont formels : si le rire de l'homme est considéré comme une juste récréation ou un remède à sa mélancolie, une femme qui rit risque toujours de passer pour une effrontée, une luronne paillarde, une folle hystérique ou encore de perdre sa séduction et d'être cataloguée en garçon manqué. [...] Durant des siècles, le rire féminin est resté sous surveillance, toléré à condition de se cacher derrière l'éventail[1]. »

Dans *L'Art d'aimer*, le poète latin Ovide juge opportun de mettre en garde : « Certaines ont un rire rauque et désagréable comme le braiment d'une vieille ânesse qui tourne la meule rugueuse[2]. » Poésie, quand tu nous tiens... Lorsqu'on observe les représentations de la femme dans les médias ces dernières décennies, on se rend compte que les producteurs ne valent pas mieux que ce vieux pruneau d'Ovide. Qui est la première femme à avoir fait des sketchs à la télévision dans une configuration de talk-show (avec des invités confrontés à un humoriste, un présentateur et un public) ? Après avoir recensé tous les sketchs de ce type d'émission depuis leur apparition sur nos écrans, Nelly Quemener conclut que de 1990 à 2003, la seule représentation de la femme, c'est... José

1. Sabine Melchior-Bonnet, *Le Rire des femmes*, *op. cit.*
2. Cité *in ibid.*, p. 49.

Garcia. Eh oui, de 1990 à 2003, pour la télévision, la femme drôle, c'est son personnage, Sandrine Tropforte.

Nelly Quemener démontre ainsi qu'en matière d'humour, depuis les années 1980, la femme qui fait rire n'est représentée à la télévision que par le travestissement des hommes. Coluche en robe de mariée en est emblématique. La question de l'acceptabilité sociale de ces sketchs se pose aujourd'hui : « Par leur caractère répulsif, les personnages féminins de De Caunes et Garcia se montrent bien comme l'expression d'un regard masculin apposé sur la féminité et des angoisses suscitées par l'accès des femmes à l'expression des désirs et à la liberté sexuelle[1]. » Mais ne comptez pas sur moi pour « canceler » de Caunes et Garcia qui m'ont tant inspirée dans la manière d'aborder certains face-à-face avec des invités de la matinale.

La participation des humoristes femmes dans les talk-shows en France a commencé en 2003. Il a fallu attendre Anne Roumanoff dans « Vivement dimanche » de Michel Drucker et Florence Foresti dans « On a tout essayé » de Laurent Ruquier pour que l'humour sur les stéréotypes féminins devienne « l'instrument d'affirmation d'un regard humoristique et féminin sur le monde[2] ».

1. Nelly Quemener, *Le Pouvoir de l'humour*, *op. cit.*, p. 82.

2. Nelly Quemener, « Ces femmes qui font rire : Du stéréotype féminin aux "nouvelles féminités" dans les talk-shows en France », *in Sociologie de l'Art*, OPuS 17, février 2011, p. 17-30.

Terres de conquête

Dans le milieu de la caricature de presse, les femmes sont encore moins nombreuses. Le mensuel satirique écrit et dessiné uniquement par des femmes et lancé par Catherine Sinet en avril 2019, *Siné madame*, n'a tenu que quelques numéros. Le journal ne manquait pas de plumes acérées, mais les caricatures disponibles et susceptibles de faire la une ont manqué. Si les femmes sont de plus en plus nombreuses et présentes dans la bande dessinée, elles restent très minoritaires dans le dessin de presse.

Le dessin de presse reste un terrain de conquête pour les femmes. Alors qu'il est possible de dessiner depuis la cuisine. Et qu'il semblerait que nous ayons une disposition naturelle à grossir le trait. Laissez-nous encore quelques années et un jour, même à *Charlie Hebdo*, les meufs dirigeront la rédaction. J'imagine celui qui présentera son dessin à *la* rédactrice en chef : « Il est pas mal ton petit Mickey, là, mon Florent, mais faut que tu y ailles plus fort dans la représentation du mâle dominé. Là on a l'impression qu'il a un soupçon de libre arbitre, encore… Et n'oublie pas mon thé au citron quand tu reviens me voir. » Nous aussi on pourra faire des blagues sur les plats cuisinés par les hommes, si seulement il leur arrivait de cuisiner (les clichés comme les vestes, c'est réversible). J'espère qu'ils apprécieront de se faire dessiner par des femmes, parce que ce sont de gros fragiles : ils ont peur qu'on les dessine avec une toute petite bite.

Par ailleurs, les femmes aussi peuvent faire des caricatures de Mahomet. C'est juste un peu plus dur quand t'as le grillage de ta burqa devant les yeux. Et c'est peut-être encore plus blasphématoire, d'ailleurs, quand le prophète est dessiné par une meuf. Mais ça, ça arrivera quand on aura pris le pouvoir et qu'on dessinera aussi des pères juifs ultra-possessifs (j'essaye d'équilibrer). Et là, vous allez me dire qu'il me manque une blague sur Jésus. Pas évident, le mec passe sa vie en slip, ce qui est déjà en soi une caricature du flegme patriarcal. C'est donc nous priver d'un plaisir. Parce que l'humour politique, pour nous les femmes, vous ne pouvez pas savoir comme ça nous allège la charge mentale.

Aux vannes, citoyennes !

Conclusion de cet insaisissable (une gageure !)

Qu'y a-t-il de plus démocratique que le rire ? Il est accessible à tous, il égaye le quotidien et les débats, il soulage le citoyen qui se retient de mettre une tarte à un patron ou à un élu qui a fauté, il lubrifie les rapports sociaux : il agit comme un alcool sans effet nocif et, quand il est fort, c'est pour soigner une plaie. J'espère du moins l'avoir fait apparaître sous ce jour, car lorsqu'il est questionné dans l'actualité, c'est souvent parce que pointe un doute sur ses intentions salutaires.

L'humour politique est intransigeant avec l'honnêteté, il est exigeant mais avec le sourire. Les humoristes sont de faux Candide face à de vrais Pangloss. Le rire est une matière première dont ni le peuple ni ses dirigeants ne peuvent se passer, il est le baromètre de la santé démocratique. « Si les hommes et les femmes politiques ne sont plus capables d'écouter des caricatures d'eux-mêmes, c'est dangereux[1]. »

« Peut-on rire de tout ? » reste la clé de *sol* de toute

1. Laure Adler, *Télérama*, 13 janvier 2022.

réflexion sur le rire, et en avant la musique. Or, chacun d'entre nous ayant sa propre réponse, il me semble vain de continuer à la poser. « On peut se moquer de tout le monde un certain temps, se moquer de quelques-uns tout le temps, mais pas se moquer de tout le monde tout le temps[1]. » Voilà une alternative intéressante à la sentence de Pierre Desproges, surtout parce que « se moquer de tout le monde tout le temps » mobiliserait beaucoup trop d'heures d'intermittence et creuserait la dette publique.

Dans un monde où les dirigeants seraient capables de proposer une société plus juste et égalitaire, plus solidaire et ouverte, plus laïque et sans crème fraîche dans les carbonara, alors la satire ne serait plus utile. La meilleure façon de neutraliser les petits soldats de l'humour, qui sont le bras armé de la bien-pensance, c'est de travailler à construire cette société.

En attendant Godot, rions sans entraves, tout en restant chacun les garants de cette liberté.

1. Propos prêtés à Lincoln dans Michael Köhlmeier, *Deux messieurs sur la plage*, *op. cit.*

BIBLIOGRAPHIE

AMIGORENA Santiago H., *Le Premier Exil*, POL, 2021

BALZAC Honoré de, *Le Père Goriot*, Folio, 1999

BEIGBEDER Frédéric, *L'Homme qui pleure de rire*, Grasset, 2020

BLOCH Laurence, « L'humour, c'est bon pour la planète », *Stratégies*, 22 mars 2019

CITTON Yves, *Contre-courants politiques*, Fayard, 2018

DESPROGES Pierre, *Les Réquisitoires du tribunal des flagrants délires*, Le Seuil/France Inter, 2018

DUFORT Julie et OLIVIER Lawrence (dir.), *Humour et politique : de la connivence à la désillusion*, Presses universitaires de Laval, 2015

FLANDRIN Laure, *Le Rire. Enquête sur la plus socialisée de toutes nos émotions*, La Découverte, 2021

FLEURY Cynthia, *Les Irremplaçables*, Gallimard, 2015

FLEURY Pascal, « La bataille des ondes de Radio Londres », *La Liberté*, 10 octobre 2014

GARY Romain, *La Promesse de l'aube*, Folio, 1973

HUMBEECK Bruno, *Leçons d'humour. Rire pour rebondir, l'humour comme instrument du vivre ensemble*, Éditions Mols, 2017

KÖHLMEIER Michael, *Deux messieurs sur la plage*, Jacqueline Chambon, 2015

MELCHIOR-BONNET Sabine, *Le Rire des femmes. Une histoire de pouvoir*, PUF, 2021

MERCIER Arnaud, « Pouvoirs de la dérision, dérision des pouvoirs », *Hermès, La Revue*, CNRS Éditions, 2001/1 (nº 29)

PASSARD Cédric et RAMOND Denis, *De quoi se moque-t-on ? Satire et liberté d'expression*, CNRS Éditions, 2021

PATTI Marie-France, *L'Humour, un défi aux certitudes*, In Press, 2017

QUEMENER Nelly, *Le Pouvoir de l'humour. Politiques des représentations dans les médias en France*, Armand Colin, 2014

QUEMENER Nelly, « Ces femmes qui font rire : Du stéréotype féminin aux "nouvelles féminités" dans les talk-shows en France », *Sociologie de l'Art*, OPuS 17, L'Harmattan, 2011, p. 17-30

RENOU Xavier, *Désobéir par le rire*, Le Passager clandestin, 2010

VAILLANT Alain, « Ce n'est pas le rire qui change, c'est ce qu'on a le droit de dire ou de ne pas dire » (interview par Nathalie Simon), *Le Figaro*, 6 février 2019

REMERCIEMENTS

Merci à Alex Vizorek et Guillaume Meurice, qui ont contribué à m'apprendre le maniement des armes du rire, et pour nos réflexions quotidiennes au service du LOL.

Merci à Laurence Bloch de garantir cet espace de liberté accordé à l'humour politique, car il est unique dans le paysage audiovisuel français et qu'elle le défend sans relâche.

Merci à mes coauteurs du matin et du soir, Romain Faure-Geors, Thierry Gounaud et Xavier Naud, leur enthousiasme est inaltérable.

Merci à mes parents, Line et Philippe, qui me soutiennent si efficacement et si joliment, telles une cariatide et une colonne dorique ; à Emma Férey pour ses conseils et ses encouragements ; et merci à Juliette Arnaud pour m'avoir accompagnée jusqu'à la ligne d'arrivée, puisque j'ai le chic pour marcher sur mes lacets dans le dernier mètre…

Merci à l'ensemble de la classe politique française, qui œuvre tant au service ~~des citoyens~~ de l'humour.

Et enfin, merci à mon éditrice, Dorothée Cunéo, qui m'a adoptée alors que je venais à peine d'éclore dans la pouponnière de l'humour.

Table

Composition : Utibi.
Achevé d'imprimer par *Grafica Veneta S.p.A.*
à Trebaseleghe (Pd), en février 2022.
Dépôt légal : mars 2022.

ISBN 978-2-207-16520-1 / Imprimé en Italie.

434433